心を手放す

ヒマラヤ大聖者の人生を照らす言葉

ヨグマタ
相川圭子

大和書房

はじめに

新たな自立をするとき

人生50年といわれた時代は遠い昔です。今や平均寿命が男女ともに80歳を超え、日本は世界でも類を見ない高齢社会を迎えています。かつては寿命の尽きる年代も、現代では仕事に、家事に、そして趣味やプライベートに、その活動スタイルはまだまだエネルギッシュでアクティブです。

今までさまざまな経験をしてきたことでしょう。成人して仕事に就き、あるいは結婚や出産を経験し、子どもの成長をみて、やっとひと区切りがつく頃でもあります。精神的にも成熟し、思慮も深まり、まさに円熟のときを迎えつつあるのが50代からのジェネレーションです。私はこの年代を黄金世代と呼んでいます。

そして、この充実した時期にいる人たちに「再生」することをおすすめしています。今まで、自分の外側にあるものばかりに気をとられていました。これからは自分の内側へ目を向け、人間とは何か、真理への理解を深め、自立した新たな人生を歩く。それが再生、もう一度生き直す、ということです。本書はその手引きとして、あなたをガイドするものです。

釈迦（ブッダ）が生まれるずっと以前から、インドでは皆、神を信じています。どこの家庭にも小さな寺院があり、神やマスターを祀り、家族が毎日そこで祈ります。子どもは、家族や社会の教えで神を信じることが自然に身についています。

そうした神を尊ぶインド社会の中でのバラモン（ブラーミン）という司祭の上層階級、王侯や戦士階級のクシャトリヤ、そして商人や平民階級のバイシャの人は、社会のしきたりで人生を4つの期間に区切って過ごす「四住期《しじゅうき》」という生き方を行いました。

今はもちろん階級制はないのですが、すべての人にそうした人生の考え方があります。神への信仰が基本にあり、そのもとに人生を生きていきます。

四住期の始まりにあたる「学生期《がくしょうき》」は、将来に備えて学問や教養などを身につける時期です。14歳になるまでは学校での勉強のほか、さまざまな人生の勉強をします。さらに、悪いことをしてはいけないとか、人に親切にしなさいとか、道徳的な学びもします。人間としてどうあるべきか、ということを理解するわけです。14歳になると、自分はどのような道に進みたいか、将来へ目を向けます。医師になりたい、弁護士になりたいといった具体的な目標をもち、その職業に就くにはどんな勉強をすればいいのかを考えます。学びながら未来の自分を見据えるのが学生期です。やがて職業に就き、仕事をしながら実績を積んでいきます。

そして結婚をして家庭を営みます。この時期を「家住期《かじゅうき》」または「婚生期《こんせいき》」と呼びます。子育てをするのも、この期間になります。男女ともに社会の中心となって活動する時期です。社会での奉仕を学び、ビジネスも学びます。信仰も強めます。

やがて50代になると「林住期《りんじゅうき》」に入ります。社会を離れ自然の中に入り、ひとり心や体の内側を見つめます。執着をつくる心の使い方を浄化していきます。家族は近くにいますが、離れて暮らし、すべてを自分で行います。人との表面的な、ときに傷つけ合うつながりをやめて、深い愛と真理を発見していくのです。

これは現代に置き換えても、大変有意義な考え方です。夫婦であっても、親子であっても、ある時期にきたら依存をやめ「信仰を深め、自分の至らないところをさらに浄化して人間完成をめざす」のです。そして、ひとりになって自分の内側を見つめ、真理の勉強をする静かな時間をもつのです。すべての関係性を浄化していき、本質に出合う練習を始めます。50代の人たちはまさに、この「林住期」にいるわけです。

この年齢になれば、仕事も家庭も落ち着いてくるでしょう。まわりを見渡す余裕も出てきます。たとえ自然の中には行かなくても、自分の内側へ目を向け、それを知っていき整理するのです。そして「とらわれているものごとやできごと」「抱え込んでいる思い」など、いつの間にか固着し、染みついた執着を理解して取り除いていくのです。執着や心の傷などの荷物は、これから先年齢を重ねるほど重くなります。

そしてさらに源にさかのぼって真理を知っていきます。70代、80代になると「遊行期《ゆぎょうき》」に入ります。家を捨て死に場所を求める放浪の時期とも、身軽になって自由に旅をするときともいわれます。余生をまわりの人々への奉仕や、神への信仰に使う生き方です。

たまった毒を出して生まれ変わる

世の中はきれいごとばかりではありません。生き残りをかける欲の前に、モラルの重要性が薄れることもあります。自分のため、家族のため、世の中を渡っていくのに自分を傷つけ、人を傷つけたかもしれません。嘘もついたかもしれません。欲をかいて仕事をして、誰かを苦しめたかもしれません。自分自身もストレスをためて生きてきたかもしれません。ときには〝エゴの嬉しさ〟も味わい、それらはすべて体験の記憶となり、心身に毒となって蓄積しています。

今こそ突っ走ってきた歩みを緩め、人生を見つめ本質からの叡智を引き出していきましょう。今までの生き方を振り返る時期でもあるのです。

今までため込んだストレスと毒を浄化するのです。そして「清らかで軽やかな人」に再生します。そして新たな後半の人生をスタートします。自分の内側を浄めるには、人や社会のために善行をしたり、正しい心がけで生きることが大切です。しかし、それだけでは深い内側を浄めるには限界があります。

ヒマラヤの教えの実践には、あなたの内側を最速で浄め、本質になっていく力があります。修行というと皆さんかまえてしまいますが、誰にでもできるやさしいシンプルな秘法です。あなたはさまざまなワークや秘法や瞑想秘法で、ストレスの毒を取り除いて、若返ることができます。こうした教えについては、順を追って紹介していきます。

まわりへ分け与える生き方にすると魂が喜び、輝く

ある程度時間にも余裕が出てくる年代ですから、趣味を楽しむなど、今まで仕事や家庭に縛られて、できなかったことを実現するのもいいでしょう。「やりたいことをやりたい」という気持ちがあると思います。ただ、それらは心や感覚が楽しむことです。できるならそこに、あなたが深いところから安らぎ、充電されることを加えていただきたいのです。「魂が喜ぶ＝自分を浄める」ということです。

インドでは「よいことをして心身を浄め、魂を浄めます」と、神さまに約束をして生まれてきたといいます。死ぬときに閻魔《えんま》大王に「あなたはどう生きてきたのか」と尋ねられ、悪いカルマを積んでくると、地獄に行くと信じられています。生きているうちに、体と心と魂を浄めていくという思想があるのです。

社会貢献やボランティアをする人、貧しい人へ食事やお金を施す人もいます。その

スタイルは人それぞれです。アシュラムという、お寺のような聖者がいる場所がありますが、そこへ奉仕や布施をしながら生きる、という考えがインドにはあります。

日本でも人を救っていく会や、意識を高める会へ奉仕をしたり、地域社会で奉仕活動をしたり、老人の施設を回って慰労をしたり、さまざまな形で人のために尽くし、寄付や奉仕をする機会があると思います。趣味や好きなことを楽しむのはいいのですが、それのみでなく、**慈愛や時間を人に与える**ことで自分を浄め、悟りに向かう生き方もできるのです。自分の得意なことや、今まで仕事で培ったスキルでもいいでしょう。そういうものを役に立てながら、愛もシェアしていくのがよいのです。

仕事のシーンでも与える人になる

仕事をしている人は、年齢的にもリーダーとしての立場にあるのではないでしょうか。若いときは貪欲に仕事をして、そこからさまざまなことを学ぶ時期だったと思います。しかし、この年代になればそこに精神性もプラスして、皆を思いやりで指導し、育てる役目に変わっていかないといけません。

自分の手柄や出世、収入などの欲ではなく、仕事で得た知識や経験、人脈を後進の人たちに与えるような生き方をする時期になったのです。「自分、自分」と生きてきた人も、いろいろなものをシェアすることで内側を磨き、浄めることになります。

仕事も円熟の域に達している人も多いでしょう。キャリアも積み、技術やノウハウも豊富に身につけているでしょう。そうしたものをフルに生かすためにも、できればヒマラヤの教えをとり入れ、真理から自らを浄めることがいいのです。

体を整えて、瞑想もしていくと、心身ともに円熟して充実した時間を過ごせます。ストレスもとれるので、健康に対する不安もなくなり、人としての深みが出てきます。思慮深くなり、目配り、気配りも利くようになります。

また、若い人を育てるのに「こうしたほうがいい」という智慧も湧き、集中力も強くなります。こうして**人生経験プラス、慈愛と思いやりで人を助けながら育て、喜ばれる存在になっていきます**。新しい形のリーダーシップを体現するような、そんな素敵な大人になっていけるのです。職場の人たちとも愛と智慧をもって親しく接していけば、嫌われない上司、孤立しない人になります。皆に慕われる人になります。愛される年のとり方になると思います。

OVER50は人生の実りのとき、収穫のとき

50代からはいい時代です。若い頃に比べて体力はやや衰えたかもしれませんが、そのぶん、智慧も身につき、人やものを見る目も養われています。まわりを見る余裕も出てきました。未知の世界へチャレンジする好奇心も枯れていません。まさに黄金のときともいえるでしょう。だからこそ、私はこの時期にある人たちを黄金世代と呼んでいるのです。

とはいっても、同世代でも男性と女性では社会的環境や立場、それぞれの思いも違うのではないでしょうか。男性は家族のため、自分のために、仕事ひと筋で生きてきた人も少なくないでしょう。会社の中で地位を得ようとか、収入を確保しようとか、競争社会の中で頑張ってきたと思います。自分の中へさまざまなものをとり込んできたと思います。

しかし、これからは自分を内側から磨き、叡智を湧かせ、さらにまわりへ宇宙的愛や調和をシェアする役割を担いましょう。若い人を育て、スキルや経験を次世代へ伝

える生き方をしていくのはいかがでしょうか。

成功を願い、脇目もふらず走ってきたところから、次の世代に何かを提供していく、そのように役割が大きく転換する世代です。そのためには内側からにじみ出る智慧と愛が必要です。体と心を道具として、自分をさらに磨き、人格者になっていきます。そういう機会と宇宙のパワーをいただき再生するのです。

欲やエゴで一杯になった自分の中のゴミ箱をリセットして、もう一度生き直すイメージをしてもいいでしょう。

年をとると体も疲れやすく、心が頑固になりやすいものです。自分の外の世界だけを見るのではなく、**自分の内側へも目を向けます。反省し、心身のケアをします。**理想的にはヒマラヤの教えを受けて、自分の内側を浄め、意識を進化させます。今まで「自分、自分」と生きてきた生き方から、人を助けるなどの善行を積み、宇宙的な愛をまわりに与えていく練習をしていくことです。

自分を浄めると、まわりもその恩恵を受け、社会へもプラスの影響を与えます。修行をすることで、社会のリーダーとしてふさわしい役割を果たすこともできるのです。

女性は結婚して家庭に専念した人、家庭と仕事を両立した人、シングルで仕事に頑張った人、それぞれにいろいろな勉強をしてきたことでしょう。子どものいる人は子育てをして、母親として責任を果たしてきました。しかし、50代からはさらに自分を大切に、そして内側から磨き輝かせ、さらにあなたの慈愛を社会に広げていただきたいのです。親子の愛情といった個人的な愛ではなく、社会の中で子どもや人々に慈しみをもって、皆の成長を祈れるような、大きな愛の人になってほしいと願います。

いつまでも若く美しく、というのは女性の変わらぬ願いだと思いますが、年齢を重ねるにつれ、外側だけ飾っても限界があります。むしろ生命力を高めることで美しく輝いていただきたいと思います。それが、慈愛で世界を包み込む母性的な姿勢にもつながっているからです。

これからは「まわりの人を生かして、自分も生きるような生き方」をしていく。そのためには気づきを深め、調和を保つことや相手を許すこと、むやみに批判（ジャッジ）しないこと、人の悪口を言わないことです。口を慎むことは品格につながります。思いやりと慈愛という大きな愛をもち、誠実に生きていけば、その魂の姿勢が美しさとなってあなたの外側へあふれだします。

女性の生命力は強いものです。母なる心は無条件に与える心、分かち合う心、つまり慈愛です。

そしてできれば慈愛に満ちた生き方に、瞑想をとり入れていただきたいのです。自分の内側を整え、浄めていけば、生命力が引き出されて、さらに美しさが輝くことでしょう。ただ年をとって頑固になったり、嫌な人にならないよう、理解が深まって与えられる人にもなっていきます。

特に子育てやパートナーのお世話で時間がなくてできなかったこと、あきらめていたことを始めるのもいいでしょう。自分が精神統一できることがあれば、子どもや家族への干渉もバランスがとれてきます。子離れ、家族離れをしましょう。

これからの自分に目を向け、さらに自分の内側を知り、浄めます。あなたが魂を浄めると、家族も幸せになります。あなたがさらに成熟し、光り輝く存在になっていけるのです。

50代からの人生は、人に分け与えるだけの時期ではありません。

自分の可能性を追求するにも絶好のタイミングです。これから自分の才能を伸ばして、新しい生き方を求めましょう。「こうあるべきだ」という世間の常識にとらわれず、さまざまなことにチャレンジするのもいいでしょう。人生経験や知識も蓄積されました。機は熟しています。ヒマラヤの教えは、「もう年だから」「力がないから」と、あなたの心が勝手に思い込んでいるバリアをはずすことができるのです。

本書は、今まさに黄金世代にいるあなたへ、やがてその年代を迎えるあなたへ、祝福と応援のメッセージです。私はこれまでに20冊以上の本を執筆してきました。人々に真理に気づいていただきたいからです。「何のために生まれてきたのか」を知っていただきたいからです。

ヒマラヤの教えは秘教という性格上、実践するには直接の伝授が必要です。そして実践をして、体験をすることではじめて深く理解できるものです。しかし、本書では、まだ実践していない読者の方にもなるべく理解しやすいように、記していきたいと思います。

ヨグマタ 相川圭子

心を手放す　もくじ

はじめに……1

序章　黄金世代のあなたに伝えたい「ヒマラヤの教え」があります

［ヒマラヤの教え１］
あなたの内側を豊かにする再生のときです。
抱え込んだ執着を手放し、ため込んだ毒を放出しましょう。……28

［ヒマラヤの教え２］
5000年以上も秘かに伝えられる真理。
源と人がひとつになって偉大な力をいただきます。……36

第1章 50代からの生き方

〔これからの人生でしておきたいこと〕
原因があるから結果があります。
だからこそ「足るを知る心」でよい行いをすることが功を奏します。……44

〔「手放すもの」と「守るべきもの」〕
誰も死を想像できません。しかし死は必ずやってきます。
死ぬときは、何ももっていかれません。
人やものへの執着をはずしていきましょう。……48

〔今、必要なことが起きている〕
今まで起きたことは、必要なことでした。心のわだかまりを
ほどきましょう。成長のステップにするのです。……54

［いい波動をつくり与える。宇宙的な愛を開発して送る］
内側が浄化されると、純粋な波動を放つようになります。
まわりの人に癒やしを与え、平和や安心を与える人になります。……58

［今に生きる］
未来によいことが起きますが源にまかせます。
あなたは、今にいます。……70

［空っぽになって生きる］
心の中に渦巻くすべてを手放していきます。
空っぽの自分になりましょう。……78

［これからの「幸せ」を考える］
永遠に変わらないものにこそ
「本当の幸せ」があります。……82

［悟ることは究極の幸せ］
永遠の存在につながることで
真の幸福への道が開かれます。……90

［才能を目覚めさせる］
バリアをはずして心を解き放つと、
あなたの中に眠っている才能が目覚めます。……96

第2章 身のまわりのものごと

［お金の価値］
世の中へ還元する。
お金が生きる使いみちにシフトしましょう。……102

［ものに対する考え方　ものへの執着］
ものへの執着は、つかの間の幸せを呼びます。
源への愛着と信頼は、永遠の幸せをもたらします。
求めるべきは、ものではなく源への信頼です。……112

［仕事、働くことの価値］
「稼ぐ」から「捧げる」へスタンスを変えてみましょう。
よりよく生きるための仕事もしていきます。……118

［欲望とのつき合い方］
欲望はカルマによって起こります。
遠い昔の喜び、憎しみ、悲しみが現世によみがえるのです。
これを抑えるには、源につながるしかありません。……122

［趣味をもつ］
瞑想は若返りと不老長寿の薬になります。……128

第3章 「つながり」について

［パートナーとのあり方］
ほどよい距離感をつくります。緊張から調和へ関係を成熟させていく時期です。……132

［子どもとの関係］
子どもは神さまからの預かりもの。魂が喜ぶものを子どもに与えることで品性のある「大人の親子関係」になります。……138

［身内とのつき合い］
親やきょうだいとの絆をあらためて感じる年齢になりました。
お互いに尊敬をもっておつき合いします。……142

［まわりの人たちとのつき合い］
自分以外の人は源が送ってくれた学びの対象です。
尊敬し合い、許し合い、調和していきます。……146

［不満や怒りを鎮める］
他人は変えられません。
あなたの内面を満たすと不満や怒りは消えていきます。……150

［他人との共存］
人生はカルマによってトータルでバランスがとられています。源の配慮にプラスもマイナスもありません。……154

［世間との距離感］
度を越して他人の目を気にすることはありません。ほどよい間合いをとればいいのです。……158

第４章　これからの覚悟

［心を充電して健康になる］
人は皆、寿命がきたらこの世界を旅立ちます。自分もやがて変わっていくこと、死がくることを受け入れると楽になります。……164

［お世話を受ける］
お世話をかけても恐縮しなくていいのです。
相手の善行を積む機会になっているからです。……170

［品格のある暮らし方］
奉仕の心をもつ人には、必ず救いの手がさしのべられます。
今この瞬間に感謝すれば、先々の不安は消えていきます。……174

［老いること］
年をとらない秘訣は、否定的な思いを捨てることです。
きれいでいる秘訣は、心を浄めて輝かせることです。……178

［死を思う］
生きているうちに心と体を浄め、悪い記憶を消しておきます。
それはよい死に方をするための修行です。……184

[未来へ向けて進化する]
未来に不安がある人は、今をよくします。今がよければ未来も必ずよくなります。……188

第5章 ヒマラヤ瞑想のすすめ

[瞑想の目的]
源につながり、源の祝福で心が空っぽになる。それが瞑想です。聖なるひとときがあなたを浄め、磨き、輝かせます。……192

[瞑想の効能]
ヒマラヤ瞑想は体と意識に革命を起こします。すべてが入れ替わるほどの変容をもたらします。……198

［聖なる音の波動］
聖なる音の波動は邪悪なものを寄せつけません。
一生消えることのないお守りです。……202

［ヒマラヤの恩恵］
本当の自分に出会う旅。
そこに何が見えるのか、あなたも自分に会いに行きませんか。……208

［マスターの存在］
マスターは神とあなたをつなぐパイプ役です。
マスターとの信頼が深いほど、神との絆も深まります。……216

［エネルギーの伝授］
ヒマラヤの恩恵を受けること。
神からの祝福を浴びる晴れの舞台でもあります。……220

［修行のすすめ］
人に気をつかうのは自分を守るためです。
人に愛をつかうのは自分を放つためです。
これからは気をつかわず、愛をつかいます。……224
おわりに……232

序章

黄金世代のあなたに伝えたい「ヒマラヤの教え」があります

ヒマラヤの教え1

あなたの内側を豊かにする再生のときです。
抱え込んだ執着を手放し、
ため込んだ毒を放出しましょう。

人との「横のつながり」から、源との「縦のつながり」へ

この頃は「絆」という言葉をよく耳にします。同じ考えや趣味などをもつ人たちが集まります。その中で、互いを助け合っています。

人生経験も豊かな50代ともなれば、さまざまな絆で結ばれている人がいるはずです。その中にはつい相手に甘えたり、頼ってしまう人もいるかと思います。こうした間柄はどちらかといえば「絆」よりも「もたれ合い」の関係なのです。自立した個人同士がベースにあって、緊急のときや困難なときに、そっと手をさしのべるのが「絆」だと思います。日頃から相手に頼りきるのは「依存」という重たい関係なのです。

大人の自立をめざす50代からは、「人間同士の横のつながり」から「源との縦のつながり」を意識するとよいのです。夫婦や親子はもちろん、友人、仕事のつき合いも、お互いを尊敬し合い、調和していきます。こうした友人や家族などの関係は「横のつながり」です。それをよいものにしていくにはお互いの成長が欠かせません。人間関係が未熟で利己的だと、他人のせいにしたり、依存したりという関係になりやすく、弊害も出てくるからです。それは心ひとつで変わる不安定な関係ともいえます。

お互いが精神的にもっと成長して適度な距離感をもつのです。

そこでこれからは「縦のつながり」を新たに築いてはいかがでしょうか。それは**自分と源を結ぶこと**です。源という宇宙の根源につながることで、この上ない安定感が得られ、守られているという安心感に満たされます。さらに、その偉大なパワーをいただくことで、自分を愛し、まわりの人を尊敬していくことができるのです。そんなスピリチュアルな生き方をプラスすることもできるのです。

ここまで「源」という言葉にとまどっている人もいるかもしれません。「内側を浄める」や「修行」も聞き慣れない言葉ですね。ヒマラヤの教えとはどんなものか、その歴史や秘教の伝授、修行の内容などをこの後に紹介しながら、こうした言葉の説明もしていきたいと思います。

源と一体となって、偉大なパワーをいただける教え

ヒマラヤの教えは何千年もの間、ヒマラヤで修行した聖者たちが追究し、知見した真理の教えです。こうした教えを裏づける理論や、それを実現するためのさまざまな

秘法や修行法が伝えられています。そこには「私たちはどこからきたのか」「何のために生まれてきたのか」「体や心はどう使えばいいのか」など、生きるための教えがあります。これらは行者が宇宙の源、つまり神と一体になったときに、神の意志を聞いた「天啓」であり、イモータル（永久不滅）な教えなのです。

それは「ヒマラヤ秘教」ともいわれます。それは、悟りを得た聖者によってもたらされた、大自然の叡智であり真理です。宗祖や教祖を崇めたり、教義を信じたりする宗教ではありません。秘教ですから、その教えは公にできません。教えが強力なパワーをもつために、悪い方向に利用されてはならないからです。数千年の間、わずかな選ばれた大聖者の間だけで口伝《くでん》で受け継がれてきました。

究極の悟り＝サマディに達した聖者がこの教えを伝えられるのです。現在、ヒマラヤの奥地でなく下界にあって、この教えを伝えられるのは私と、私の兄弟弟子であるパイロットババジの、世界で二人だけです。

ヒマラヤの教えは、今から5000年以上も前にインドで生まれました。

ヒマラヤの大聖者たちは長い研究と修行の末、人間の体、心、魂という小宇宙の中に、宇宙のすべてがあることに気づきました。究極のサマディに達し宇宙の源に還り、本当の自分を実感しました。そして真理を悟ることを発見したのです。

サマディが成就すると、本当の自分になり、魂となり、神を知ります。するとす**べてをコントロールする力を得る**のです。能力が開発され、心と体から自由になり、苦しみや束縛から解放されます。この実践的な真理の教えは蓄積され、尊い教えとなり、ヒマラヤ大聖者たちによって長い間受け継がれ、今に伝えられているのです。

ヒマラヤの教えは、キリスト教や仏教のルーツ、源流です。また、瞑想、ヨガ、鍼《しん》灸《きゅう》、カイロプラクティック、催眠術などもヒマラヤの教えから生まれ、発展していきました。インドの伝統医学アーユル・ヴェーダにも、大きな影響を与えています。

普通の人が神と一体になれる尊さ

本来、神とつながり高次元のエネルギーの恩恵を受けることは、ほんのひと握りの聖者にだけ許されることです。しかし、ヒマラヤ秘教ではシッダーマスターを案内役として、いまだ神を知らない人に本当の自分を目覚めさせて神につなぎ、神秘の体験を現出させるのです。即座に自分の深いところが浄められ、変容していきます。シッダーマスターの守りをいただき、日々実践することができます。

案内役のシッダーマスターはヒマラヤで修行してカルマ（↓34ページ）を浄め、サマディに達し悟りを開いた存在です。その生きたマスターがダイレクトに高次元のエネルギーを伝授し、内側を浄化して目覚めさせ、変容を起こすのです。そして深い瞑想に導かれ、生まれ変わることができます。

宗教ではこうした変容はすぐに起きません。なぜなら、その教えを説いた釈迦やキリストなどは遠い昔に亡くなり、直接会うこともできません。ですから長い年月をかけて信仰していくのみで、変容する機会がないのです。

サマディに達した悟りのマスターと出会うだけでも、稀有なことです。その方から直接伝授をいただくことはあり得ないことです。サマディをなしたそのエネルギーにつながるので、信じることでさらに祝福をいただくことができます。ヒマラヤの聖者との出会いはダルシャンといい、会うだけでパワーをいただき、浄められます。

儀式で聖なる波動をもつ言葉をいただく

ヒマラヤの教えを実践するには、まずよいエネルギーとつながることが大切です。ディクシャという儀式でマスターから高次元のエネルギーが伝授され、同時にマントラという聖なる音の波動の瞑想秘法をいただきます。マントラは日本語で「真言《しんごん》」といい、神の聖なる音を指します。

高次元のエネルギーは、神と一体になったヒマラヤ聖者だけが授けられる神のエネルギーで、アヌグラハ（神の恩寵）ともいいます。そのエネルギーであなたの深いところを目覚めさせ、浄化してワンネス（神と一体）にします。マントラとマスターの波動が「お守り」となり、悪いものを引き寄せないようになります。

儀式や秘法は、何やら怪しくて怖いと思うかもしれません。しかし、苦痛や恐怖を感じるようなものではありません。静かで、心が深く安らぐ、聖なる体験です。そして守りをいただき、日々の瞑想修行が始められるのです。

カルマという言葉も耳慣れないかもしれません。仏教用語で「業《ごう》」といいますが、これは「**体や言葉、思いによる行為のこと**」としています。

行動すること、話をすることなど、すべての行為とその結果をカルマといいます。すべてのカルマは、その人の心と宇宙空間に波動（エネルギー）となって記憶されます。この記憶された波動もカルマといい、行為とその記憶を合わせてカルマと呼んでいます。

私たちの心の奥深くには、過去に生きた時代（過去生）の膨大な記憶があり、現在の行為や思いも逐一そこへ記録されているのです。無限の容量をもつデータベースをイメージしてください。

ここまで「内側を浄める」という表現を何度も使ってきましたが、それは心に蓄積されているカルマの執着をとることです。それがヒマラヤ秘教の教えです。行為を正して浄め、また蓄積されたカルマを直接に焼いて溶かす数々の秘法があるのです。

さまざまなカルマが蓄積された心は、人の魂を覆ってすっかり曇らせています。そこでマントラや、高次元のエネルギーやクリヤの秘法をあてて、カルマを浄化して切り離したり、焼き尽くしたりするわけです。

ヒマラヤの教え2

5000年以上も秘かに伝えられる真理。源と人がひとつになって偉大な力をいただきます。

ふとしたきっかけで、本格的なヨガの修行に入る

ヒマラヤはインド、ネパール、チベット、パキスタン、ブータンにまたがる広大なエリアです。8000メートル級の険しい峰々が連なり、気候風土も厳しい秘境です。インドにはサドゥと呼ばれる2000万人もの出家修行者がいますが、ヒマラヤは彼らにとって聖なる場所であり、そこで修行をすることはひとつの憧れといっていいでしょう。紀元前には仏教の始祖、釈迦も出家して修行に入りました。

ヒマラヤの教えと私を結びつけたのはヨガです。あまり丈夫ではない体を鍛えるために始めたヨガですが、やがてヨガ教室を開くようになり、本格的に指導を始めました。それはカルチャーセンターなどを中心に、都内で50か所ほどにまで広がりました。同時に1970年代から80年代にかけてインドや中国、アメリカ、ヨーロッパなどへ出かけ、ヒーリング、心理療法、瞑想、精神世界などの研究も続けていました。そんな中で、もっと瞑想を深めたい、ヨガやスピリチュアルなこともさらに知らなければ、という思いが強くなっていきました。

そして1984年に私の運命が大きく動き始めます。日本のテレビ局が、ヒマラヤ秘教のシッダーマスターであるパイロットババジを招くことになりました。アンダーグラウンドサマディという、ヨガの中で最も過酷で危険とされる修行を撮影して放送するためです。そのときに、ヨガのパイオニアとして知られていた私に、番組のお手伝いの依頼があったのです。

来日したパイロットババジは、初対面の私に「ヒマラヤへきて修行をしてはどうか」と言葉をかけてくれました。それまでに何度かヒマラヤ行きを断念していた私は、この機縁を生かすべく、すべてを手放す覚悟でヒマラヤへと向かったのです。

究極の悟りといわれるサマディを体験する

1985年にはじめてヒマラヤの奥地へ足を踏み入れてから、毎年、日本との間を行き来しながらヒマラヤの各地で苦行をして、さまざまな大聖者にもお会いして祝福をいただきました。

なかでも、パイロットババジの師匠（マスター）であるハリババジとの出会いが私にとって大きな転機となりました。ハリバババジは、インドでは有名な大聖者です。ハリバババジは初対面の私に、「あなたは純粋な存在である」と言葉をかけてくださり、そしてディクシャにより、私は神聖なパワーや愛を受け、秘法の伝授の儀式をいただきました。

それからマスターの見守りの中で、サマディ修行をさらに進めていきました。そうしてついに究極のサマディにも達しました。それは心身を浄化し、死を超えて神と一体になり、真理になることです。私は真理を体験し叡智を知ったのです。さらにそれを深めて4日間、1週間、10日間、40日間とサマディを行い、意識を高めていったのです。私は、ヒマラヤ秘教の正統な継承者になったのです。

その後も私はヒマラヤやインドを訪れ、約20年間に公開のアンダーグラウンドサマディを18回行いました。これは地面に掘った地下窟に入り、呼吸や心臓などの生命活動を止め、生と死を超えて神と一体になり、サマディという悟りの境地へ達する修行です。地面にはトタンやシートがかけられ、さらに土を厚く盛って空気の出入り口をなくします。こうして酸素も飲食物もない中で、究極の意識状態に没入し、3日後に神の存在となって復活します。

サマディを行った人のエネルギーは、地球の磁場や人々を浄め、癒やし、幸福にするとされます。それは多くのインドの出家修行者の憧れでもあります。

サマディを成就した後のある日、ハリバババジから「日本で真理と平和を伝え、人々を苦しみから救いなさい」という言葉をいただきました。ヒマラヤの大聖者は、世界中から純粋な魂をピックアップしてサマディにいたる修行に導き、人々に愛と平和を伝える人をつくり出すのです。私はその一人に選ばれました。

テレビ番組のお手伝いから始まり、ヒマラヤに通い、さらに私は今こうして、ヒマラヤの教えからの宇宙の真理と、愛と平和のメッセージをお伝えしています。

講演をしたり、本を執筆したり、瞑想を指導し悟りへの道を示しています。

昨今ではヒマラヤの叡智を伝える国連での平和活動に招聘《しょうへい》されるなど、さまざまな方法でヒマラヤの教え、愛と平和と意識の進化についてお伝えしています。そして最も大切なこととして、多くの方に神の恩寵と秘法を授け、平和と愛の道を歩むことをお伝えしてきました。

日本だけにとどまらず、パイロットババジとともに、世界各地でヒマラヤの教えをシェアし、世界平和を訴える活動も続けています。

こうした私の修行や行いに対して、インドスピリチュアル協会からサマディに達した大聖者に与えられる宇宙のマスターという意味の「マハ・マンダレシュワリ（大僧正）」の称号をいただきました。

私が皆さんにお伝えしたいヒマラヤの教えは、ヒマラヤの聖者がサマディにおいて、神からのメッセージをいただいたものです。多くの聖者がそのメッセージを受け取り、それらの教えがまとめられて「ヴェーダ」という経典になりました。

ヒマラヤには深い平和があります。そこから智慧が生まれます。

人はこの世界になぜ生まれてきたのか。何のために生まれてきたのか。人生の最高の目的は何なのか。何のために生きているのか。何をしなければならないのか。

その答えをヒマラヤの教えが示してくれます。

長い歴史の中で、人々は苦しみ、自由がありませんでした。今なお無知で、人々は苦しんでいます。

この社会でどうしたら平和に生きられるか、ヒマラヤ聖者のガイドのもとで、あなたは真理に目覚め、それを悟っていく旅をしていきます。あなたはそのためにこの世の中に生まれてきたのです。

第1章

50代からの生き方

原因があるから結果があります。
だからこそ「足るを知る心」で
よい行いをすることが
功を奏します。

「よい行為」「よい思い」が「よい現象」につながる

50歳を過ぎ、経済的にも、時間にも、少し余裕ができてくるのではないでしょうか。女性ならおしゃれをしたり、美味しいものを食べたりもしたいですね。男性はお酒を飲んだり、趣味を楽しんだりしたいところでしょうか。

いろいろ頑張っているご褒美に、こうした体の感覚の喜び、心の喜びにひたるのもいいでしょう。しかし、これからはそこに日々の心がけで**「魂の喜び」を感じる行為**をプラスしていきます。それは新しい人生を切り開いていく生き方でもあります。

では、魂が喜ぶこととは何でしょうか。

答えはシンプルです。「よい思い」「よい行為」「よい言葉」を日々心がけて「よいカルマ」を積むことです。カルマについては序章でも紹介しました（↓34ページ）。

私たちが思うこと、行うことのすべては、魂と宇宙空間に記憶されます。同時にそれは種となってまかれ、いつか目覚めて実となります。どんな現象にも原因（種）があるから結果（実）があるのです。これを「**カルマの法則**」といいます。悪い思い、悪い行為は悪い結果（現象）を生みます。逆に、よい思い、よい行為はよい結果を生みます。

ではよい行為とは？　難しく考える必要はありません。

たとえば人に親切にする、人を助ける、分け与えることです。今までの経験から得た知識や智慧を若い人とシェアするのもいいでしょう。世の中をよくするため、人を真の幸福に導くための活動をサポートする寄付やお布施をするのもいいでしょう。

まずあなたができる普段の行為を、魂が望む美しいものにします。善行を心からの感謝をもってすれば、よいカルマの種がまかれていきます。**自分の行為が喜ばれて相手から感謝の気持ちが返ってくると、気持ちよく、また元気をもらえます。**

見返りを期待せず、心のエゴの喜びではない善行を自然にします。このときに感じるのは一時的な感情ではなく、体の奥底から湧き上がるような喜びです。

生き方を通して、自分を磨いていける

家庭でも、職場でも、年齢とともにストレスが積み重なると、心身が休まらず、老化も早くなり、生きにくくもなります。ストレスの原因はいろいろですが、実は自分

のエゴ（勝手な思い込み）が原因となっていることがほとんどなのですね。何かを期待して思いどおりにならないことからくるイライラや、自分はこれだけやっているのに、という被害者意識などがあるのです。

しかし、これからは「欲望のままに」とか「自分が、自分が」という意識を薄くして、人と喜びをシェアする生き方、よい行為をする生き方にシフトします。これが「大人の生き方」です。

若いときのように前へ前へとがむしゃらに進む場合は、エゴもときに必要です。しかし、もうそういう年齢も過ぎました。エゴを満足させる生き方から、**魂の喜ぶ生き方にしていきましょう。内側から平和で愛に満ち、輝く生き方です**。すると自然にエゴを手放すことができるのです。

私たちが死ぬとき、もっていけるのは魂に染みついたカルマだけです。すべてこの世界でつくったものは置いていかなくてはなりません。だからこそ、正しい生き方を前提にしないと、これからの人生も、来世も切り開いていけないのです。

「手放すもの」と「守るべきもの」

誰も死を想像できません。
しかし死は必ずやってきます。
死ぬときは、何ももっていかれません。
すべて預かりものです。
人やものへの執着をはずしていきましょう。

執着を捨て、与えていく、手放していく

人やものへの執着がない人はいないと思います。しかし、その思い込みの度が過ぎたり、こだわったりすることが多くなると、心が休まらず苦しくなります。

家もお金も子どもまで私のもの、そんなふうに抱え込んでいるとつらいでしょう。「そういうものは私のものじゃない、**預かっているもの**」。そんな考え方ができると、気持ちが楽になります。

死ぬときにもっていけるのはカルマだけです。あなたのまわりのものや人はもっていけません。この世に置いていかなくてはならないのです。ですからカルマをきれいにしたほうがいいのです。カルマで来世の生き方を決められるのです。生きているときにしかカルマは浄められません。

あなたは体を鍛えて、野望に燃えて、社会での成功と、自分の願いを満たしてきました。しかし、体も気力も若いときのようにはコントロールできなくなります。これからは智慧ある生き方をしていかないとならないのです。「すべてに感謝」「手放していく」。そう願っていくことで楽に、豊かになっていくのです。

余分なエネルギーを使わない、スマートな人になる

スマートとは、精神的に余分なものをどんどん落とした状態です。執着を手放す、ということです。そうするとエネルギーもスマートになります。心身ともに軽やかに、楽になると思います。スマートな人になっていきましょう。

実際に捨てるなどして、執着をとります。捧げる、あるいは分け与えるだけでもいいのです。私的な思いの行為だけでなく、もっと大きな心、広い視野の愛で分け与えていくことが理想です。

子どもに財産を残したいのは親の情ですが、あまり残し過ぎると、子どもが努力しないで堕落する場合もあります。少し手助けするくらいでいいのです。子どもは親の背中を見て育つといいます。親の行いが大切です。親の捧げる生き方は、子どもにとって誇りとなるでしょう。

世の中のために活動している団体や、人々の苦しみを取り除くような会、そうしたところにお金を役立ててもらうほうがいいのです。自分の欲のためではなく、人のため、人類のためという、セルフレスな考え方、生き方をしていったほうがいいので

す。そうした生き様こそが、子どもへの教育や財産になります。

手放した後に残るものは、よいカルマを積むことだけ

余計なものは手放していきます。純粋な意識には何もついていません。

それでは、そのあとに残る「守るべきもの」とは何でしょうか。

これはただひとつ「**よいカルマを積む**」という気持ちを貫くことです。それをベースにして、命を輝かせていくことです。ほかには守るもの、執着するものは実は何もありません。そう気づけば、気が楽になります。あなたは本質に近づくのです。

多くの人がこれまでの人生は、心身と社会のために自分の外側のものをかき集め、抱え込み、守って、エネルギーを消耗してきました。しかし、もう時間がありません。そのゲームを繰り返していても、心身が疲れるのみです。これからは成熟のために、内側へ目を向け、見えないところに意識の光を当てます。

そして、善い行いをしてカルマを浄めます。**人は行為で成長できるのです**。私たちはよい行為を通してカルマを磨き、浄めるために生まれてきたことをあなたに伝えた

いと思います。

多くの人が、命をとても無駄に使っています。たとえば、人を嫌ったり、否定的なことを考えたりして、どんどん悪いカルマをため込みます。それは自分を守っているのかもしれませんが、無知で錯覚してそうしているのです。

内側を見つめカルマの存在に気づいた人は、よいカルマを積むことを意識します。過去生から、よいカルマも悪いカルマもすべて蓄積しています。さらに日々のカルマが蓄積していくのです。

だからこそ、慈しみの愛を実践してください。それは**カルマを解放する**ような生き方です。そうすればカルマがよいほうにシフトして、波動も軽やかになっていきます。愛を出すことでいい波動が出るようになります。

本当の自分に出会うと、自分への執着がはずれる

そしてできれば、カルマを大切にしながらヒマラヤの瞑想で本当の自分に出会うとよいのです。

ヒマラヤの教えでは「本当の自分」とは**この体の創造の源、つまり魂**のことです。源に還り、神と一体になっていくのがヒマラヤの修行です。まず自分の源につながり信じます。そしてそこからのパワーと守りをいただきます。さらに善行をすすめ、信頼を固めます。そうして内側をさらに浄めてカルマを浄化し、心の曇りをとるのです。すると本当の自分が現れてきます。

心がけだけでは、今までの生き方しかできないものです。しかし、ヒマラヤ瞑想で源につながり、本当の自分に気づけば、今まで自分のものとしてこだわってきた人や物への執着も薄くなっていきます。

これからも躍起になってあれこれと自分の欲望を満たしても、結局、死ぬときはすべて置いていきます。もっと自分を大切にして生きるのです。

皆を尊敬して、慈愛で行動し、人を助けます。すると執着が溶かされ、次第に内側が輝いてきます。それこそが、残りの人生をさらに豊かにしていく秘訣です。

今まで起きたことは、必要なことでした。
心のわだかまりをほどきましょう。
成長のステップにするのです。

背負ってきたものをおろして身軽になる

50歳を過ぎれば、もうそろそろ現実的に実現不可能なことが出てきます。たとえば、子どもが欲しかったとか、あんな仕事に就きたかったなど。あきらめきれない気持ちもあるでしょう。しかし、そんなときはこう考えてください。

「今、必要なことが起きている」と。そして、過去に折り合いをつける時期がきていることにも気づきます。子どもが欲しかったときに、自分のほうがやはり大切だったのかもしれません。無意識にそういう選択をしていたかもしれませんね。子どもは欲しかったけれども、未熟な自分がうまく育てられるだろうか、不安で躊躇《ちゅうちょ》したのかもしれません。

子育ては大変です。母親は子どもに無償の愛を捧げています。自分のことを考える暇もありません。すべて子どものために一生懸命です。その姿は美しいものです。寝ずにお乳をあげたり、おむつを取り替えたり、ひっきりなしにお世話をします。それは、子どもを通して愛を育む大きな学びになっています。

何らかの事情で子育てをする機会がなかったとしたら、そうしたカルマがなかったのです。子育ての期間がなかったぶん、趣味や仕事に打ち込めたかもしれません。

自分に子どもはいなくても、すべての子どもに愛を注ぎます。分け隔てすることなく、大切にすればいいのです。人類にとって素晴らしい人になっていくように、あなたなりにサポートしてもいいでしょう。

就きたかった職業に就けなかったのも、そのときはまだ時機ではなかったり、あなたに不足した部分があったりしたのかもしれません。そのときに必要なことが起きていたわけですから。そう考えれば、今、目の前の仕事があなたにとって尊いものに思えてきます。

今ある部分をさらに磨いて、そこに愛や智慧を盛り込めば、よりいっそう仕事に深みが出てくるのではないでしょうか。そうなれば人にも喜ばれ、自分自身も満足できます。

若い頃に憧れていた職業は、見た目の華やかさとか、有名企業だとか、給料がよいとか、休みが多いとか、そんな表面だけを見ていませんでしたか。そんなものが仕事の本質と何ら関係がないことは、すでにあなたは気づいていると思います。

たくさん給料をもらえる会社は、それなりに責任も背負わされ、厳しい競争があり、日々にゆとりがないかもしれません。果たしてあなたがそこへ身を投じても、人間的に成長できたかはわかりません。かえって違う会社に入ったことで、自分の時間がたくさんとれ、あなたらしく生きられたのかもしれません。すべて必要なことが起き、それを選択したのも自分なのです。

今、必要なことが起きているのは、過去生からのカルマかもしれません。あなたがまいた種が実を結んでいるのですから、思いどおりにいかないときも「これでいい」と思いましょう。「今はまだご縁がなかった」と、あるがままを受け入れます。

思いが遂げられなかった原因として、何かがブロックしていたのかもしれません。遠慮していたり、勇気がなかったり、家庭の事情などが許さなかったのかもしれません。**そのときなりの選択**をしたわけです。

自分の主張を強くすれば、自分の願いが通ったかもしれませんが、まわりの願いを聞き入れたのかもしれません。それが恐れなのか、愛からなのか、体裁や見栄なのか。いずれにせよ、自分とカルマの選択、自己防衛の選択です。そのとき必要な選択をしたのです。

内側が浄化されると、
純粋な波動を
放つようになります。
まわりの人に癒やしを与え、
平和や安心を与える人になります。

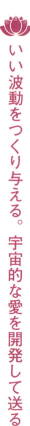

心のはたらきによって出る波動はさまざま

波動は、誰もが日常生活で感じることがあるでしょう。誰かが怒っていると、場の雰囲気が悪くなります。これは怒りの悪い気の波動を感じるからです。怒っている人あるいは内側に怒りをためている人の、内なるエネルギーが放出されているのです。

オフィスでは皆が仕事をして、仕事の波動に包まれています。メンバーも決まっていますから、波動も安定しています。ところがそこにいつもと違う人が入ると、何となく違和感が生まれます。雰囲気が変わり、波動が少し混乱するのです。

私たちの体は宇宙と同じ要素「土、水、火、風、空」でできています。そこに心があり、カルマの記憶が刻まれることで、その人の性質、キャラクターなどの個性をつくっているのです。

カルマの記憶は人それぞれで、苦しい体験、楽しい体験といろいろあります。それが、さまざまにミックスされて肯定的な人、否定的な人、理性的な人、感情的な人、あるいは肉体的な人など、さまざまな個性として現れるのです。そしてそのカルマの性質がその人の波動を醸し出します。また、同じ人であっても、そのときの感情によっても波動は変わります。社会では建前があるので、「演じる」ことでいいエネルギーを出している人や、あるいはそういうことをしないでぶっきらぼうで素のままの人もいるでしょう。そうした**心のはたらきによっても、出る波動が違うのです**。それがキャラクターです。サンスクリット語でグナといいます。

一つめは、暗性のエネルギー（タマス）で、重く暗い、すべての素材を含むエネルギーです。二つめは、激性のエネルギー（ラジャス）で、活動的なエネルギー、変化するエネルギーです。三つめは、純性のエネルギー（サットバ）で、透明で純粋なエネルギーです。これらの三つの性質が混在して、今のエネルギーの状態をつくり出しています。

先ほどお話ししたように、人の体は、さまざまなエネルギー体でできています。土の体、水の体、火の体、風の体、空の体、さらに音の体、光の体です。これらが混ざり合っています。修行をして美しい心をもち、純粋な意識になることで、できるだけその配合が**光の体になることが、意識の進化**といわれます。それをめざすのが悟りへの道、愛の人になる道です。

ヒマラヤ秘教の各種の瞑想をすると愛が多くなり、慈愛の人となって、太陽のように光り輝く人になることができます。意識の進化といわれる生き方です。つまり、もっとその質を浄め、純粋性を高めたエネルギーをもつことができるということです。さらに、純粋な人になる進化の旅です。そのときにもつ心が、波動を醸し出しています。その人の人となりとなるのです。

波動の質を変容させていく

ここまで紹介してきたように、人には過去生からのカルマによる、生まれながらのキャラクターがあります。また、生まれてからの行為の結果のカルマによるキャラクターがあります。そしてそのときの気分によって、それらの土台のもとに染め上げられた、オーラという色の波動を誰もが放出しています。

波動とはこのようなエネルギーのことです。そして、波動そのものの質を変容していくのが悟りへの道です。人にはそれぞれのカルマがあり、日々お互いに向き合って、それをお互いに引き出し合って敏感に感じとっています。そのことが学びになります。お互いを映し出す鏡です。相手を通して自分のもっているエネルギーが映し出されるのです。

皆が気づきをもち、お互いに心地よい関係で生きていくのがいいのです。その気づきを今に生かすこと、今すぐに心がけることでお互いの関係がよくなります。すでにもっている過去のカルマも少しずつ変えることができます。**今の瞬間のエネルギーに気づき、自己をコントロールするのです。**無欲で正しい行いをし、感謝をして、よい心を使っていくと次第に内側が浄められ、よい波動になっていきます。そこにヒマラヤの瞑想を加えます。そうするとさらに浄化が深まり、より純粋な質の高い波動となっていきます。

波動はそのときの気持ちも大きく影響しています。少しでも見返りを求めると「私、私」というエゴの波動をつくります。どこまでも純粋に、相手へのジャッジではなく感謝で、私を滅した行為、無償の愛の行いで宇宙的愛の波動をつくります。

心（マインド）が悪い波動をつくる

人は自分のことはわかりません。どんな気持ちでいるのかわからないのです。

私のところの合宿では、お互いの印象を伝え合うフィードバックをして、自分のことに気づいていくということをしています。

「普通にしているつもりなのに、そんなに暗いエネルギーを出しているのか！」「自分はそんなにエゴイスティックなエネルギーなの？」など、何がいいとか悪いとかではありませんが、現実に自分が今まで使ってきたエネルギーが染みついているのがわかります。

自分は人からそう見えるのだと知って、自分自身の気づきが進化していきます。たとえば電話をかけることに気が進まなかったとします。心（マインド）でかけると、どこかに面倒くさい、恥ずかしい、この人は苦手などと、マイナスの波動が表れてしまいます。相手から攻撃的にモノを言われてムッとしたりして……。言葉に出さなくても相手はそれを感じて、受け入れられていないことをすぐ察知するのです。

電話応対の講習などでは、どんな状況でもいい感じで対応することを教育されるのでしょうが、それは建前の演技であると思います。私は、そうした人との対応も、悟りの道に導かれるための修行の場であると指導しています。どうしてもその人のマインドが自動的にリアクションしてしまうので、絶対なる存在、源、その人にとっての尊いものを思い、そして祈るのです。「皆さんを許し、愛する力をお与えください」と。そうすると、愛を出すことができます。

そのときに愛を出しながら「この人はまだ何も知らないから仕方がない」と余裕をもって対応することができると、よい波動が出て相手も安心します。

人間関係でも同じことがいえます。この人は嫌いだと思えば、悪い波動が瞬時に出てしまいます。自分が気に入った人にはいい態度をするけれど、気に入らない人には素っ気ない人がいますね。こういう人は「自分はあなたのことを嫌っています」「今は気分が悪いのです」と、あるがままを出しているのかもしれません。あるいは無意識にそうなっているのかもしれません。どちらにしても、マインドがそうしてしまうのです。「わかっちゃいるけどやめられない」あるいは「わからないままにやってしまっている」のです。たとえば自分の親のようなタイプの人に出会ったとき、親とうまくいっていない人は悪い波動を出してしまいます。

ところがヒマラヤの教えによって源の存在につながると、自然とよい波動が出て、高次元のエネルギーで安定した状態になり、中心が決まります。どんなときも自分のマインドにつながらず、魂で対応ができるようになるからです。

中心が決まるとは、宇宙の中心にある永遠の存在、高次元の存在とつながることです。このすべてをつくり出す源とつながることで、あなたの中に核ができて、中心が定まるのです。

たとえ自信がない人もそのときは別人になり、中立な気持ちで、愛をもって、その人の幸せを思うことができます。

カルマが浄化されると、波動もよくなる

仏教の開祖である釈迦は、インドのある小さな国の王子で、何の不自由もない生活を送っていました。王様は、純粋な釈迦に、汚いものは目に触れさせないようにしていました。ある日釈迦は、外を見たいと家来に連れていってもらい、門のところで、死人や病人、老人を見ることで感じるものがありました。誰もが老い、病気にもなり、やがて死んでいく。そこに限りない虚しさを感じたのです。

ところがそこへやってきたひとりの聖者を見て「ああ、この人は静寂で柔らかな波動を放っている。私もこんな人になりたい」と、釈迦は思いました。聖者は神を信

じ、修行を行い、カルマを浄め変容して、その結果素晴らしい波動が表れるのです。それを知った釈迦は出家して、苦行を続けていくことになります。

釈迦を感動させた聖者のように、私たちもカルマを浄めることで、クオリティを変容させ、よい波動を放てるようになります。宇宙の源につながって信頼して、サレンダー（明け渡すこと）し、エゴを落とすのです。さらに積極的にカルマを浄め、謙虚でエゴがない人になります。

そして、生活の中でそうしたエネルギーを生かしていきます。釈迦のように出家して修行をする必要はありません。まず少しだけ自分の内側へ意識を向けて、そこにあるものに気づいていくのです。ヒマラヤの叡智をいただいて学んでいきます。

よい波動を与える人になる

今、動物を飼う人が多くいます。まるで自分の子どものようにかわいがっています。そこには安心があり、愛を感じるのです。寂しさを埋めるため、動物の純粋な愛、純粋なエネルギーに安らぎます。乗馬が好きな人は馬の奔放さに魅かれます。イルカと泳いで癒やされる人もいます。犬や猫などのペットをかわいがるのはその最たるものでしょう。

動物は人間のように、心をいろいろにはたらかせることがありません。自分をよく見せようという虚飾もありません。ナチュラルな波動を放っているからこそ、動物たちを見ると、私たちは安らぎを覚えるのではないでしょうか。

そして子どもがいない人、また子育ての終わった人が、よりよい愛の時間を過ごすために動物を飼います。その人は、そういうカルマがあるのです。素晴らしいことですが、それにあまり執着し過ぎると苦しみを生み出します。

人間同士も相性がよければ、お互いに癒やされる存在になれます。しかし、人が集まる中で、どうしてもエゴが出て、悪い波動が絡み合ってギクシャクすることも多いようです。「この人と会うとホッとする」という人もいます。私心がなく、穏やかで、自然に振る舞う人が多いようです。このような人は、よい波動をまわりへ放っているのです。

人とシェアするのは知識やもの、お金だけではありません。よい波動を送ることでも人は癒やされ、元気づけられるものです。できればそんな人になりたいものです。

ここでヒマラヤ秘教の実践で変容をとげた方の体験談をご紹介します。

「ヒマラヤの教え」に出会う前は、自分の能力以上のことをやろうと頑張っていました。目標達成を第一に考えていました。しかし常に不安感が根底にあり、人やものごとの悪いことが気になり、成果は出ますが、元気なようで実はずっと疲れていたのです。なかなか後進も育ちませんでした。

自分ではそれなりに丈夫な体だと思っていましたが、がんになって手術を受け、後遺症が残ってしまいました。妻や子どもたちとの関係が悪くなり、妻は離婚という言葉を口にしていました。何が悪いのかわからないまま、疑いや不安を強く抱えていました。

そんな中でヨグマタから、マントラという聖なる音の波動と、瞑想秘法をいただき修行をしていきました。毎日の瞑想と道場での修行によって、源とヨグマタへの信頼を少しずつ育てていく中で、実生活でも家族や職場の人や周囲の人に対して、不安や疑いを抱くことがなくなってきました。他人の嫌な面を見ても、以前ほど気になりません。

最近は妻も仕事をするようになったのですが、私はそれまであまりしてこなかった家事を苦もなくできるようになり、妻との関係もよくなったのです。けんかがなくなり、家庭に笑顔が生まれました。不登校の娘も、わずか2か月あまりの受験勉強で進学校に合格し、元気に通っています。また、私と子どもたちとの関係もよくなっています。がんの後遺症についても、今は心配もしていません。

若いときは、誰しも外側の目標を追いかけて生きていくのですが、老いてからもそのスタンスでいると、必ずどこかで落ち込むことになってしまいます。内側を磨いていくことが外側をつくることよりもずっと素晴らしい、ということを実感するようになってきました。

（Kさん）

この方の体験は、年齢を重ねてからの生き方のよい指針になるのではないでしょうか。ただ頑張るだけでなく、内側を浄めて、新しい生き方にシフトした喜びが伝わってきます。自分のみでなく、家族との関係など、いろいろなことがよくなっていくのです。

未来によいことが起きますが
源にまかせます。
あなたは、今にいます。

せわしなく動き回るマインドは今にいない

マインド（心）は目には見えないので、どう動いているのかわかりにくいものですが、実はいろいろせわしなく動いています。何かの心配をしています。それは瞑想をし始めたときにわかるのです。

マインドは過去や未来のことをあれこれと考え、胸をときめかせたり、落ち込んだりと、落ち着きがありません。先のことを想像して心配する人、病気になったらどうしよう、と心配する人がいます。昔の素敵な思い出にひたる人もいるでしょう。

また、幸せになるためにお金が欲しい、友だちがいっぱい欲しいと、いつも何かをプランニングしているかもしれません。あるいは今日は誰かに会おうとか、明日はあの服でおしゃれして出かけようとか、いつも「私」を表現する術を考えているかもしれません。

こうして私たちのマインドは、常にはたらいています。それに振り回されているのです。今、この瞬間もどこか「うわの空」です。

そして、何かを見ると心（マインド）はリアクションし、心が動き、記憶にリンクして、それに促されて体の行為が生まれます。どんどんカルマを刻んでいきます。ですからカルマをすっかり浄化できて、**「今に生きる」**という状況が自然に生まれるのが理想なのです。

しかし、リセットするようにカルマを浄化するのは簡単なことではありません。善行や心がけだけでは、長い年月が必要なのです。そこでできればヒマラヤの高次元のエネルギーで「今にいる」ことを阻害するカルマを浄めるとよいのです。するとカルマが高次元にシフトして、あなたは無心で今にいられるようになります。

何でもないことに感謝できる年代

若い頃に比べると、何でもない当たり前のことがありがたいこと、と感じるようになってくるかもしれません。

健康で当たり前、人にやってもらって当たり前、毎日がなにごともなく過ぎていくのが当たり前というように思っています。しかし、このことはとても「ありがたいこと」なのです。

若い頃はあれこれ欲望や自分の考えにとらわれてものごとを見ていました。ですから、心の感覚、つまり外側のきれいなものや人の考えなどの情報に惑わされていたのです。ものを集めたり、感覚の喜びにとらわれていて、それで興奮したり歓喜したりということで満足し、心が今にいないことが多かったのです。今を味わわないで、欲望のほうへばかり意識がいっていたのです。

ところが年齢を重ねるにつれて、何気ない光景に小さな幸福が訪れる瞬間が増えてきたのではないでしょうか。自然を感じ、そこに機能する神秘の力を感じることがあるでしょう。

道端の花が可憐にたくましく、美しく咲いているという生命の営み、そして神様がそれを与えてくれていること、こうしたことに喜びを見いだせるようになるのです。これこそが「今に生きる」感覚です。その実感を知っている人を外から見ると、とてもいい波動をもった素敵な人に見えると思います。

生かされていることの喜び、元気でいることの喜び、目が見えることの喜び、耳が聞こえることの喜び。何でもないことを味わって、そこに深く感謝する気持ちになります。その奥には大いなる神の力がはたらき、生かされているのです。こうしていろいろ気づきを深めることが、ますますあなたを豊かにしていきます。

無理をしたり、自分を責めたりするのも今にいない

仕事のシーンであれこれと心配をし、気をまわし過ぎて疲れてしまう人がいます。これも今に生きていない例のひとつです。

今日はこの仕事をここまでやる、とプランニングするのはよいことです。自分の実力に見合った、身の丈のことをプランニングすればいいのです。ところが自分を過大評価したり、自分を大きく見せようとして、無理なプランを立てると、あせったりして思ったほど成果が出ずに疲れてしまうのです。

さらに、そうやってうまくいかないことに対して自分を責めたり、不安になったりして、心がいろいろな思いにとらわれ、乱れてしまうことがあるでしょう。

仕事においては確実にできることを、コツコツとやっていく心がけが大切になります。与えられたこと、目の前のことを一生懸命にやる。これが今に生きることになると理解してください。**無心で作業にいそしむことで、今に自分を置くことになりま**

す。低めの目標をしっかりやっていき、その積み重ねで実績を上げていくことも、やがて喜びにつながるでしょう。もちろん理想の自分という高い目標をもつことも大切です。

与えられた仕事をいやいやするのではなく、感謝しながら、楽しみながらやればいいのです。その仕事を通して人の役に立てたこと、自分のスキルや才能を生かせたことに喜びを感じ、皆に捧げる気持ちで、愛をもってやっていければ最高ですね。

ヒマラヤの秘法でいつも今にいられるようになる

ヒマラヤの教えによって宇宙の根源とつながり、浄化していけば、常に「今に生きる」ことができます。自然と自分が今にいる状態がつくられるのです。

それはさまざまな秘法や祝福によって、あるいは気づきのワークで理解をして、何を信頼したらよいのか、何を選択したらよいのかがわかります。源と真の自己を信頼し、心身のカルマを積極的に浄化していきます。ヒマラヤ秘教の実践の秘法は、内側の潜在意識を浄化するので、本人と医師がいないと手術ができないのと同じように、紙面ではお伝えできません。サマディのエネルギーをその人に合った秘法で直接伝授するからです。その人のカルマによる処方があるのです。根源からの高次元のエネルギーにつながり、あなたの心身の調和がはかられます。ごちゃごちゃしていた心の中が整理整頓されます。そして心の奥にある魂の神聖さが輝きを取り戻します。あなたが本当の自分になっていくのです。

そうしたプロセスで心の浄化が進むと、自然に「今にいられる」ようになり、心が苦しみのほうにいかず、感覚に振り回されなくなるのです。

楽しむことで今に没頭できる

なにごとも自分を信じて、感謝をして楽しみながらできるといいのでしょう。今に生きるということは、精神を統一しきった状態です。いまだ心のはたらきがたくさんあっても、人を傷つけずに楽しむことで、今に没頭できているのです。

神を信じきる人は、心に引きずられないのです。神聖なところからパワーをいただき、今にいる、中心にいることができます。信じる力の強さです。源を信じることで、そのことが自然に引き起こされるのです。

「カルマヨガ」というものがあります。よりよいカルマを積んで奉仕をすることで行為を浄めます。捧げる行為で精神を統一して行うのです。好きなことでなくても、常に無心で一生懸命、正しいことに立ち向かうのです。

スポーツの世界を見ていて思うことがあります。アスリートは好きで始めたことだと思いますが、いざオリンピックのように国民の期待に応えるとなると、もうそれはそれは重責になっているのかもしれません。

しかし、無心でそれになりきる、自分のできることを信じて行ったときに、最高の成績になるのではないかと思います。**楽しむことで今にいて、精神統一ができるのではないでしょうか**。まず「自分が楽しむ」「自分を楽しむ」ことが大切なのです。

心の中に渦巻くすべてを
手放していきます。
空っぽの自分になりましょう。

ピュアな心にリセットする

心は生きるために一生懸命はたらいています。そして過去に積み上げた心の記憶は執着となって、今の状況に影響しています。それによって、好きとか嫌いとか、いいとか悪いとかものごとを判断しています。それは常に生きようとする習性から生まれるものです。そこには勝ち抜こうとする思いがあり、その反応はさまざまです。

無意識にまず、安全かどうかを確認します。何かの折に、相手の考えなどによって気づき、自分と他人を比較します。そして自分ができていないと自分を責めます。他人をうらやましがり、他人の成功に嫉妬します。あるいは他人を批判します。あるいは自分に優越感を感じます。無意識のうちにさまざまなマイナスの思いが湧き上がり、心の中にため込まれていきます。

これらは自己を守ろうとするところから生まれる心です。心の世界で生きているからそうなるのです。心は何なのか、理解を深めることは大切です。どうしたらリアクションや比較がなくなるのでしょうか。

何かを一生懸命していると、人と比較する暇もありません。自分が充実するのです。そして相手への思いやり、慈愛の修行です。そうしたことを一つずつ行っていきます。意識をしっかりさせます。「心は私の心である」「私の心に翻弄されない、私の心は無心である」と。

そしてとらわれのない心で世界を見ます。思考を通してではなく、無心になって、純粋な心で人や現象を見ましょう。すると心が空っぽになっていきます。

すべて嫌なことも学びであると感謝しましょう。そのことで、あまりストレスを背負い込まないようになります。日頃は感じないのですが、元気で生きていること、仕事ができること、こうして集中するものがあると感謝していきます。そうしたことこそありがたいのです。すべての奥には、見えない大きな力がはたらいているのです。

なにごとにもとらわれない

50歳を超えると、仕事の面でも転換期になるでしょう。たとえば大企業なら、出世コースからはずれれば関連企業へ出向するとか、大学病院などは50歳前後で教授になれないと、地方の病院へ転出するか独立開業する、そんな話も聞きました。

よくも悪くも先が見えてくる時期でもあります。こんなときこそ無心に、空っぽになって「リ・スタート」の気持ちでなにごとにも臨めばいいのです。

近い将来の自分が窮地に立ったら、あなたはどういう考え方をするでしょうか。「これでおしまい」と思うか、「暇になって自分を磨く時間がとれてありがたい」と思うのか。とらわれない心をもっていれば、いい充電期間ととらえ、新たな局面に備えるでしょう。逆境を逆境と思わないからです。

今までは他人や社会など、外側との戦いでもありました。しかし、これからは自分の内面を磨くことに専念できるのです。無心で、空っぽの心でことにあたりましょう。

自分を磨きます。そのことで人をうまく指導したり、人望を集める人間になったりすることができます。どんな環境におかれてもリーダーシップが発揮できます。もし独立をするなら、なおさらあなたに智慧と愛とパワーが備わる必要があります。

自己コントロールができる人になっていくのがよいのです。そのためには自分のことを知っていきます。ヒマラヤ秘教は智慧ある人になる教えです。カルマを浄め、心の曇りをとるための生き方をしていきます。マインドが強く、それに翻弄されている生き方から、信頼と愛を深め、心をコントロールできる人に変わっていくのです。

永遠に変わらないものにこそ
「本当の幸せ」があります。

人やものに依存することをやめる

人は皆「幸せになりたい」と思っています。人それぞれ、幸せの内容や条件が違うことでしょう。そして、経済が発達してものが豊かな時代ですから、お金があれば幸せとか、ものをたくさん所有できれば幸せという人が少なくありません。

多くの人は立派な家が欲しい、いい人間関係を築きたい、自慢できる車が欲しい、もっときれいになりたい……。何かが手に入らない人は、ともかく満たされない苦しみから解放されたいと思うのです。その気持ちは大切です。それは心の喜びと感覚の喜びを求めているのです。

しかし、本当の幸せはもっと深いところからのものです。人は望みがかなうと、幸せを感じて満足します。ところがその幸福感は長続きせず、また違うものが欲しくなります。そして欲望は次第に大きくなり、目的を達するために必要なお金を稼ごうと働き続けます。せっかく苦労して手に入れたものも、買って眺めるだけで使わないこともあります。買っただけで関心がなくなるのです。欲しいものが手に入らなければ、いつまでも不満足で、不幸せな気持ちになったりします。

私たちはこのように、感覚の喜びとか心（マインド）の喜びを求め、それが得られたときを幸福と呼んでいます。欲望から行為が生まれ、その結果で満足したり、不平を感じたりします。どれも刹那的な満足です。

それは消耗の世界、心の世界です。この世界に構築したものはいつかすべて置いて、旅立たなければなりません。**あなたがもっていけるものは、魂のまわりにあるカルマの記憶のみ**なのです。

内側の深いところからの満足を求める

私たちは、一時的な感覚の喜び、心の喜びでなんとなく幸福感にひたって、それを繰り返してきました。深いところはまったく満たされない喜びです。大事なものを置き去りにした幸せなのです。感覚を通してのリアクションと心の快感は、欲しいものとつながったときに起きます。それとつながると満足するのです。

過去生からずっと、体を使い、心を使って体験して生きています。その体験や得たものはすぐに飽きて色あせていくものです。心の感動もすぐに過ぎ去ります。体はやがて年老いて、死んで消えてなくなります。これらは変化する物質なのです。体は土に還り、心はカルマの質のところに送られていきます。見える世界から消えていくものです。人はいつか死ぬことは知っているのですが、そのことを忘れて考えないのです。人の生の意味は、源にある本当の自己に出会うことにあります。そこへの旅の完成で真に幸せになることができ、内側から満ちてくるのです。

人は本当の自己から遠く離れ、体と心を養うためにいろいろなものを必要としています。本来すべてが満ちている存在なのですが、自分が心だと思っているので、いろいろなものがないと生きられないと思い込み、それを集めるのが人生になっています。そして、それに執着し依存して、かりそめの安心をしています。

しかし、集めたものは命を与えてくれるものではありません。何かをもっていると心が安心するだけです。肩書きや豪邸やダイヤモンドなど、そうしたものをもっている、といったエゴの喜びの類《たぐ》いのものです。

もしもすごい豪邸があっても、掃除が大変でしょう。家の隅から隅へ転がって喜びを味わうわけにもいきません。

心は真の自己に所属するものであり、心は道具なのです。人は心が自分と思っているのです。体が自分と思っています。しかし、体もどんどん老化していき、あちこち痛くなり、動きにくくなったり、重くなったり、若い頃のように行動できなくなります。自分の思うようにコントロールできなくなるのです。最後には肉体を捨てていかなくてはなりません。心も変化をします。何かをしっかり信念のように思っていても、やがて気が変わって変化します。しかし、**本当の自分は変化しないのです。**

足るを知らない心は、いつも不足を感じている

私たちは何かを手に入れると、今度はそれを手放したくない、守りたいという気持ちが強くなります。お金があれば盗まれないか心配です。健康な人はいつまで若さが保てるか不安になります。

あればあったで不安が募り、なければないで不満です。過ぎても不安、少なくても不安なのです。きりがありません。心（マインド）は常にサバイバルのために不足を見つける性格になっています。不足のほうに意識が向き、「足るを知らない」ので、常に足りないと感じるものです。生理的な機能として、生きるための不足を感じて補

うしくみができているからです。

もし、空腹を感じなければ死んでしまいます。ですから敏感に不足を感じるようになっているのです。満腹になったら知らせる機能もあるのですが、それがうまくはたらかないことが多いのです。満腹過ぎてマヒしているのです。

人間はマインドが異常に発達して、それのみを使って生き、自分が本当の「心」と思っています。それが人間の生活です。そしてあまりにもマインドに頼り過ぎて、マインドが敏感になったり、あるいは鈍感になったり、正しく機能していないのです。

マインドは、ものを引き寄せる磁石のようなものです。

磁力で寄せ集めて満足しますが、すぐにまた違うものを求めていきます。このゲームはずっと続きます。しかし、それは大切なことなのです。マインドがいつも「不足」を感じているのは、マインドが成長して意識が進化して本当の自分、神に出会うために成長する機会を神が与えてくれているからです。

本当の自分に出会うという、成長するための生きる目的を与えてくださったのです。それを通して、自分をさらに高いクオリティに成長させる機会です。

そのためにどうしたらいいのでしょうか。

まず心のからくりに、気づきをもつことです。マインドは常に、ああだ、こうだと思い、変化していくものであると気づくのです。それは人間が進化するということです。それがマインドの進化であり、意識の進化であり、覚醒です。マインドをコントロールできる人になるということです。こうして意識を進化させ、心の浄化が進むと、その思いはやがて変化して消えるものです。

マインドは見えません。人はそれと一緒になっているのでわからないのです。ほとんどの人は、自分はマインドだと思っています。そのことを「無知」といいます。その思いこそが苦しみのもとなのです。心が自分と思っている、つまり真理を知らないことを「無知」というのです。

本当に自分はマインドなのでしょうか。

こうした問いかけが、真理を知るということ、それが人生の目的です。生まれてきて何をしなければならないのか。今まではただ、これが欲しい、あれが欲しいというマインドの願いを聞いてきました。そしてそれをかなえるために奔走してきました。命を捧げてきたといえます。

その生き方が、本当の生き方なのかどうかに気づいていきましょう。マインドの命令を聞くのではなく、少しストップさせて、さらに内なる声を聞きます。

あなたにとって大切なもの、あなたに命を与えている存在は何なのか、その**尊い存在に出会っていくのです。それを知ることが、マインドから解放されることです。**その尊い存在が本当のあなたなのです。

それはあなたの奥深くにある変わらない存在です。つまり永遠の存在です。それを思うのです。それこそが大切な生き方です。

あれこれ不安で不足ばかり感じる心ではなく、満ちている存在、永遠の存在に信頼してつながります。あなたはそこからやってきました。そこから生まれてきたのです。

永遠の存在につながることで
真の幸福への道が開かれます。

生かされている安らぎを感じる

この項では、修行することを前提としたお話が多くなりますので、修行をしていない人には深過ぎる内容があるかもしれません。そのときはどうか、今わかる範囲で読み進めてください。また、ヒマラヤの教えについてお話しをする際、神の存在（真理）を取り上げないわけにはいきません。それはこの私たち、**宇宙のすべてを創造し、生かしめている源**のことです。これまでも永遠の存在、源、根源、さらにそこから分かれた真の自己という表現で神をたとえていますが、ストレートに「神」が登場してもどうか驚かないでください。

あくまで私は真理のお話をしたいのです。そのほうがあなたも慣れて、より奥深い理解ができるようになっていくでしょう。ここでお伝えする言葉はあなたに気づきを与え、読むだけでも変容する効果があるものなのです。

前項でマインドの見せかけの喜びではなく、内面の深いところからの喜びが幸せであるとお話ししました。そのために、落ち着きのない心の動きを、すべてが満ちている永遠の存在につなげます。そこへつながるには、その存在を信じ愛することが何より大切です。半信半疑では、信頼関係が結べません。しかし一度つながれば、常にパワーをいただき、愛をいただき、守りをいただくので、願いがかない、人生に成功をもたらすのです。また安らぐのです。まだ悟る前であっても、安らぎを感じます。

神とつながると、さまざまな変容が起こる

真理への道を歩むことで、よりよい生活がもたらされます。心身ともに若返り、平和で、可能性が満ちて、再チャレンジもできる力と智慧をいただけます。可能性がさらに増した人生をつくり、自分の時間も大切に、自分の内側を整え愛していきます。そうすることで、ガツガツしなくても、さまざまな面で満たされます。「あれが欲しい、これが欲しい」というマインドがなくなり、「まあいいか」とあきらめられるようになります。

また、生命力が充実し偉大なパワーをいただけるので、ビジネスでの成功や潜在能力の目覚めも期待できます。さらに、瞑想で内側が浄化され、心が平和になり、「今

にいる」ことができるようになります。心配とか、疑いとか、欲などの心のはたらきがなくなってくるのです。

会社員のNさん（49歳）は、私のところへいらして最初にカルマを浄化するシッダーディクシャと、さらに内側に入る秘法を受けました。その後の変化が大きく、不安がなくなり安心して暮らせるようになり、会社や地域の人間関係が、どんどん改善されていくようになりました。また、人のよいところだけを見ていられるようになって、ストレスがなくなり、すべてがよいほうへ、自然に楽になっていきました。

このように祈りや瞑想を実践することで、意識をコントロールできる人になってくるのです。内面が変容していくと、ストレスが取り除かれてマインドが軽やかになります。そうすると愛や平和、信頼、理解といったプラスのエネルギーが強くなります。重いマインドは恨みや怒り、ジェラシー、寂しさなど、否定的なエネルギーを抱え込んでいます。

心につながっている状態から、ヒマラヤ秘教の学びで根源につながると、このようなさまざまなことが順に整理され、余計なものがどんどん落ちていきます。生きることがシンプルになっていきます。同時にいろいろなことが、まるで謎が解けるようにわかってきます。

心を信じていたために気づかなかったことに、気づけるのです。ついに本当の自分になっていきます。そこで**完全なる自由**を得ることができるのです。それが人生の目的です。

内側へ旅立つときは、マスターが必要

ここまでヒマラヤの教えを受けることで、あなたに起こる変容を紹介してきました。ヒマラヤ秘教は知識だけの教えではありません。どこまでも実践の教えです。神とつながり、自分を変容させる教えです。しかし、一般の人たちが創造の源、つまり神と直接コンタクトすることはできません。神はそこらじゅうにいるのですが、神と人をつなげる橋渡し役のマスターが必要になります。

ヒマラヤの聖者は究極のサマディ（涅槃《ねはん》）に達し、神と一体になり真理を知った存在です。源を知りそこにつなげる波動をもっています。この肉体という宇宙を知り尽

くし、真の幸せへの道を知っています。それを得るための秘法を知り尽くし、心身を変容させ進化させる智慧とパワーをもっています。こうした特別な人に出会わない限り、最速で真の幸せになる道、つまりヒマラヤの叡智は知ることもできません。

マスターは、あなたを神につなげる橋となります。見えないところにすべてを知る神があり、それを信じます。そして、そこにつなげてくれるマスターを信頼することがすべての前提となります。修行の基本となる瞑想を行う際は、マスターが水先案内人として、安全に確実にあなたを誘導します。

瞑想はときとして、人の奥底に潜む魔物を呼び覚ますからです。だからこそマスターの純粋なエネルギーにつながって行うのです。

自己流で行うと、不安や疑いが先行します。それは旅先で道に迷い「この道で大丈夫かしら？」と思った瞬間に感じる恐怖感に似ています。どんどん不安が高まり、背後から何かが出てくるのでは、と疑心暗鬼になりますね。

瞑想をはじめ、さまざまな秘法もこれと同じで、真似をして自己流でできるものではありません。マスターからの高次元のエネルギーに守られながら実践してください。そして、修行を続けて本当の幸福へ近づいていってください。

バリアをはずして心を解き放つと、
あなたの中に眠っている才能が
目覚めます。

先入観のブレーキと心のバリアをはずす

50歳からは再生のときです。内面を磨いて豊かな人をめざすとともに、自分の可能性を引き出して輝けるときでもあります。

結婚や家庭の事情で断念したこと、若い時代に夢見ていたこと、尻込みして逃げてしまったことに挑んでみてください。それは仕事、趣味、社会活動など、人それぞれに思いがあるのではないでしょうか。

そうした未知の可能性を引き出すときに障害となるのが、「どうせ無理だろう」という先入観のブレーキと、「恥をかきたくない」「うまくいかないときはどうしよう」という自己防衛のバリアです。

私の講演会で、ときには皆さんに大きな声で笑ってもらいます。はじめはほとんどの人がうまく笑えません。恥ずかしさが先に立つからでしょう。しかし、心のバリアを解いて、大きな口をあけて笑えば、皆が幸せになります。ひとりで遠慮がちに笑っていても、バリアははずれません。

俳優が瞬時に役になりきったり、お笑いタレントがどんな状況でも観客を笑わせたりするのは、最初から心のバリアがないからかもしれません。

私たちも「もう遅い」とか「とても無理」といった先入観を捨てればいいのです。「人からどう見られるだろう」といったバリアをはずしましょう。若い頃に比べたら、恥をかくのにも慣れたでしょう。度胸もすわっているはずです。

生命力を向上させ、才能を引き出す

長い年月の間に心の癖となったバリアは、そう簡単にはずせるものではありません。意識して少しずつ変えていくしかありません。

ただし、ヒマラヤの恩恵を受ければ、無意識のうちにバリアがはずれます。それは「守られている」という事実があるからです。永遠の存在と太い命綱で結ばれることで「守られている」安心感が生まれ、不安が払拭されて心のバリアがはずれるのです。

また、永遠の存在との太い命綱により、泉が湧くように生命力が汲み上げられます。これがあなたの奥底に眠る才能を引き出し、何をするにしても100％の能力が発揮できるようになります。

不安を抱えていると、才能は発揮できません。たとえ非凡な才能があっても、自分の力だけでは疲れてしまうのです。一生懸命頑張って消耗する姿は、エゴの鎧《よろい》をたくさん着けて戦っているようなものです。命綱もすごく細いので、不安で怖くてしょうがないのです。

瞑想で内面が浄化されると否定的な思いが消えるので、バリアがすっかり解けます。こうして**無駄なことが落ちていくと、集中力が出て、目的にフォーカスしやすくなります**。さらに、生命力がますます輝き、万能の人になっていきます。話すことも、書くことも得意になります。ただし、才能が開花するといっても、いきなりプロのフィギュアスケーターになるなど、現実的でないことは例外です。

若い頃に断念した道に再挑戦するのもいいでしょう。ピアニストや歌手、就きたかった職業でもけっこうです。集中力と生命力があふれているので、なにごとも成果をあげる可能性が高まります。

私は手帳や時計をもちません。修行のおかげで集中力が身についているせいか、一度聞けば忘れないようです。また、毎日食べるものはキッチンへ行き、そこで見たものですぐに作り始めます。あらかじめ献立は考えません。ひらめきと直感でできてしまうのです。ささいなことですが、これも修行や瞑想で直感が冴えているからでしょう。何をするにしても、迷いはまったくありません。

直感に従うことは、神の声に従うことです。真理の気持ちです。そこに愛が備われば、その行いを邪魔するものはありません。ところが、エゴに従うと欲の心になり、嫉妬されたり、妨害されたりするものです。

何かを始めるのに、年齢は関係ありません。

「自分を向上させたい」「新しい自分を見つけよう」という気持ちがある人は、いろいろなことに取り組めます。愛をもってチャレンジすればいいのです。その結果が人に喜んでいただければ最高です。

どうぞ自分という道具を生かして、皆さんに愛と喜びと勇気を与えてください。

第2章

身のまわりのものごと

世の中へ還元する。
お金が生きる使いみちにシフトしましょう。

お金を生かす使い方

本章では私たちの身のまわりにあるものごとに目を向け、これからはそれらとどうつき合えばいいのか、年齢なりの価値観や考え方について触れたいと思います。

はじめはお金についてです。お金は生きるために、生活をするために、もちろん必要ですね。お金をいっぱいためたい人もいると思います。とくに昨今は拝金主義というか、お金が第一のようになっているところがあります。お金があれば幸せで安心という考え方です。

お金持ちが邸宅の広い庭でマッサージを受けたり、テニスに興じたりしている光景など、かつては映画に登場する上流階級の生活でした。貴族や王様の生活です。それが今は、普通の人でもちょっと努力をすると、王様のように豊かなものに囲まれた生活ができるようになったと思います。

ものがあふれ、電車や飛行機に乗ることができ、レストランでおいしいものが食べられる。電気製品も普及し、家事も楽になりました。私が子どもの頃は、まだ母親がほうきで部屋を掃いたり、手で洗濯をしたり、井戸から水を汲み上げて薪でお風呂を沸かしたりという生活でした。

それに比べると今は、本当に便利な文化生活です。そして貴族のようにラグジュアリーな生活です。それをめざしていたところもありますね。それでも、さらにもっともっとと、あくなき欲望を募らせています。

瞑想を始めたある女性が話していました。その方のお母さんは欲望のとりこになってしまったのですが、願いがかなえられないと、いつも不満を言っていたそうです。ところが女性がディクシャ（秘法伝授）を受けた後、お母さんのキャラクターがすっかり変わり、「すべてがありがたい」と言うようになったそうです。

私のところで秘法伝授を受けると、直接受けていないその人の家族にも影響を与えることがよくあります。娘さんのディクシャで心の浄化が起き、不満がほどけて、自然に現状をありがたく受け止めることができるようになったのですね。

分相応ということも大切です。何でもかんでも欲しいといっても、体力やお金がついていきません。

お金至上の価値観、お金さえあれば幸せになれるという考え方を少し変えてみるほうがいいのではないでしょうか。ただ欲望や自分勝手な満足に使うのではなく、心が内側から満たされる、お金を生かす使い方があります。自分の旅行や趣味、着飾るためのみでなく、人を助けることのために収入の一部を布施するとよいのです。皆を助け、世の中がよくなるために使うのです。

また、成功してお金持ちになりたいという考えも、今までのようにがむしゃらではなく、どんな手段で得ればいいのか見直します。

瞑想修行をすることで、智慧が湧き、直感がはたらいて、いいチャンスがやってくるでしょう。見えない存在からの智慧とパワーで、思わぬ成功をするかもしれません。成功して得たお金の一部を、人を助けるために使っていくのです。これからは価値のあるお金の生かし方、スマートなお金の使い方を実践するときです。

お布施はもっとも生きたお金の使い方

お金をよく使う人もいれば、あまり使わずにためる人もいます。自分で得たお金を使うのはいいでしょう。心の欲望で欲しいものを手に入れるために、お金を使っていることも多いと思います。

買った品物で一時的には満足します。それがストレスの発散になることもあるでしょう。しかし、やがて買ったものも、またその行為もゴミになるものですから、結局は無駄づかいになってしまいます。それならばむしろ自分の魂も喜び、人の役に立つ使い方がいいのではないでしょうか。

お金をためている人は、事業を始めるとか、社会のために寄付をするとか、役に立つ使い方をするのがよいのではないでしょうか。ためるだけで使わずに死ぬようでは、まさに死に金になってしまいます。お金はあの世へはもっていけません。だからこそ「いかに生かすか」が大切です。

生きたお金の使い方で、誰にでもできるのが布施です。困っている人を助けるためにお金を捧げると、どんどん心が軽くなっていきます。執着がとれ、いろいろなものへの恐怖がなくなっていきます。

あなたが人を助けたとき、布施で執着がとれ、**お金の流れをつくるというのは「自分のお金を生かしてほしい」という大きな心になります。**その結果、発想も大きくなり、とらわれない心になります。

施された人々から感謝され、心も浄化されて精神的にも豊かになっていきます。内側から慈愛の波動が放たれていきます。

よい行為はよい結果を招き、そのよいエネルギーが伝搬していくと、奇跡をもたらします。そのよい流れは出したものがほかの人から入ってきたり、まわりから助けられたりするチャンスとしてやってくるでしょう。出して減るのではなく、お金が入るようにもなるのです。

逆にお金を出し惜しみする人はお金が流れないので、かえって自分にも入ってきません。よい心で出したものは、やがてよいものが還ってきます。お金やものなどを抱え込むのは、心が貧しいからです。それは人を嫌ったり、暴力を振るうような悪いエネルギーを出すことと同じことです。エゴが強まります。そして自分にとって悪い状態になるのです。

世の中をよくしていくためにお金を使う

インドでは毎日の捧げる修行があります。人々は朝起きてすぐに会った修行者に布施をします。修行者はカルマが浄化されているので、特に布施をすることで祝福の恩恵をいただけるのです。また食事をする前は、その一部を神に捧げます。そうすると今日もよいことをしたと、よいエネルギーが広がるのです。ヒマラヤ秘教も、仏教も布施や奉仕の捧げる尊さを一番にあげています。まず源を信じ、人を傷つけずに助けること、それは捧げることなのです。心身を浄化する最高の善行となります。欲の心を落とし、執着を取り除くダイレクトな行為です。

ここまでお金を捧げる話をしてきましたが、お金だけではなく土地を寄付したり、時間を捧げたり、奉仕をします。もちろんお金のない人は、身の丈に合った捧げ方をすればいいのです。お金だけではなく、皆に愛をシェアするとか、いつも笑顔で癒やしを与えるとか、そうした方法でもいいのです。

貧しい心が大きな心になるのです。インドではアシュラムという修行僧のいる寺院のような場所に皆が集まり、祈りの場所を皆の布施で建立するのです。そして祈り、パワーをいただいたり、そこで掃除などの奉仕をしたり、寄付をしたりして身を浄めています。

このアシュラムのように、皆の精神性が高まるセンターを、皆の善なるカルマでつくるのが私、ヨグマタの夢です。これからの子どもたちのためにも、こうした施設をつくることで土地が浄まり、そこからよい波動が大量に発散します。強力なパワースポットになります。そして皆がそこに手を合わせ、癒やされ、安らぎ、生きる勇気と力がいただけるのです。皆さんの魂を浄める布施の行為のためにこれを実現したいのです。

お金をもっていることで安心する人がいます。しかし、お金は命を長らえさせてはくれません。生命力が輝くわけではないのです。ただお金に依存しているだけのことです。

ある方からの報告をご紹介しましょう。

今年のはじめのこと、私の経営する会社は、予定外の大きな出費のため資金難に陥っていました。しかも、大口の注文までキャンセルになるという、まさに泣きっ面に蜂の状態です。

そんなとき熊本地震が発生し、ヨグマタから「被災者への寄付のためドネーションを」という呼びかけの連絡が届きました。資金にゆとりがあれば、喜んで寄付をするのですが、本当に余分なお金はありません。寄付しようか、やめようか、数日悩んでいたと思います。そして、ある朝、吹っ切れました。

お金がないときこそ、ヨグマタがいつもおっしゃっている「捧げる行為」を実践するいい機会ではないか。被災された方のご苦労やご心労と比べれば、資金難なんて何でもありません。意を決した私は、すぐに寄付金を振り込みました。何だか気持ちがスッキリして、心が軽くなったのを覚えています。

そして、寄付金を振り込んだ日の午後、驚くことが起きました。まさに突然、まとまったお金が予期せぬところから入ってきたのです。しかも数日後、キャンセルされていた注文が復活し、注文数は当初の1・2倍に増えていました。もちろん私は、こうなることを期待して寄付をしたわけではありません。ヨグマタはお金もエネルギーだとおっしゃっています。自分から寄付という形でエネルギーを出すことで、新しいエネルギーが入ってきたのだと私は思っています。

いくらお金をため込んでも、そこからは何も生まれません。自己満足と失う心配が芽生える程度です。

お金を捧げるという使い方で、本当に神の力がはたらき、生きた使い方となって、そのお金の価値と意味が生まれます。だからこそ、これからはお金の意味を見直し、捧げていくことが大切なのです。

ものへの執着は、つかの間の幸せを呼びます。
源への愛と信頼は、永遠の幸せをもたらします。
求めるべきは、ものではなく源への信頼です。

こだわりが高じて執着に変わる

洋服、宝石から家や車まで、新しいもの、よりよいものは誰もが好きです。心はそうしたものに反応して買い求めます。ですから、売る側はよい品質のものを生み出します。

しかし、それがエスカレートし過ぎて、さらによいもの、贅沢な品を求めるといった傾向があります。クオリティの高い生活もいいのですが、借金をしてまで高級ブランドのバッグを買うとか、見栄のために靴を100足もっているとか……。衣食住に欠かせないものは必要だと思いますが、それ以上のものは執着となって心の癖になり、負担になるのです。結局は執着で苦しむことになります。

たとえば、100足も靴をもっている人は、この洋服にはこの靴、このバッグにはこの靴をコーディネート、そんな感じで楽しんでいるのでしょう。しかし、収納場所やメンテナンスもひと苦労でしょう。

ほかにも、お皿やカップなどの食器に凝る人もいますね。包丁も肉用、野菜用などの用途で使い分け、鍋もシチュー用やミルク用などと買い揃えていきます。それも快適に暮らすために必要なのかもしれませんが、これではものは増えるいっぽうですし、洗ったり、しまったり、手間もかかるでしょう。

メーカーはなんとか売ろうと思って、毎年新製品を発表します。皆を喜ばせるようにと、あの手この手で工夫して買ってもらおうとします。たとえば、車をどんどん買わせるように、下取りセールを行ったり割安な月賦を考えたりします。家具店などは新婚さんをメインターゲットにします。というのも、やがて子どもができ、学校へあがり、引っ越しをして、そのたびに家具を買ってくれるからです。

売る側はひとつの製品が長持ちするよりも、回転よく買い換えてもらったほうが嬉しいでしょう。だからといって、すぐ壊れるような粗悪なものを売れば信用がなくなります。ですから魅力的な新製品を次々に発表して、消費者の目移りを誘っています。壊れたから新しいものを買うのではなく、デザインや利便性をよくして少しの差で心をくすぐるわけです。そうしたものを買うことは、経済の発展に貢献してはいますが、自分がものや社会にコントロールされていることになってしまうのです。

エゴが肥大すると、無限からの恵みに遠くなる

今は贅沢な時代です。まだ使えるのに、さらに新しいモデルが欲しくなって購入し、次から次へと新しいものを集めることが癖になっていきます。

世の中は「便利」という名のもと、執着するものが次々につくられます。人の心の平原は執着の樹林と化しています。しかし、よくよく考えてみれば、一時の満足にひたった後には、ゴミになってしまうものばかりです。心のはたらきが外にばかり向き、本当の自己を忘れ、源からどんどん遠くなり、生命エネルギーを消耗していきます。ものに振り回されて、それを得るために働くばかりで、源が望む本当の成長ができません。何のために生まれてきたのかを知ることもなく無残に死んでいくのです。それでは魂が輝くことなく生を終えることになり、動物ではなく唯一修行ができる人間に生まれてきた意味がなくなります。

あなたは真理を知るために生まれてきました。心と感覚の欲望を満たすのみではなく、気づき、意識を高めるために生まれてきたのです。自分を愛し、見えない尊い存在、神を愛しその力をいただき、その願いを表現して生きるために生まれてきたので

す。そこから愛と智慧とパワーをいただいて輝くのです。

目に見えるものが整うには、深い見えないところを整えることが必要です。ものに執着したり、怒りや劣等感をためるたりするのではなく、本当の自分を愛し、源を愛する。心身を純粋にして本当の自分に還るのです。物質世界が大切なのではなく、精神性が大切なことを思い出していただきたいと思います。

人工物への依存で感謝を忘れた私たち

すべての形あるもの、ないものも、創造の源の力によってつくられます。人もその力でつくられ進化してきました。その存在を人は神と呼んだのです。神はどこにでもいます。しかし、そこからのパワーを受け取ることができません。なぜなら、人は体と心にカルマを積んで、それが神を覆っていて、それと離れているからです。

さらに自分が体だと思い、心だと思って神を知らないからなのです。

そして人は幸せになるためにものや知識や人との関係を必死で集め、それに依存しています。宝石や車、家などのものを集めると幸せになれると信じているのです。しかし、それは一時の幸せしか与えてくれません。

人との愛も元気になります。しかし、その愛は変化する愛です。奪う愛です。執着する磁石のような愛です。ときに奪い合いの苦しみを呼ぶ愛です。

真の幸せは、永遠の存在、神につながるときにあります。まず神を愛することで、神からのパワーをいただくことができます。人を生かしているこの力を引き出すことで、心が平和になり、今にいます。そして充電するのです。

神への愛は永遠です。神への無条件の愛は信じることです。神に精神統一することで、神からの祝福があります。神を愛し、魂を愛する。それが「バクティヨガ」です。

現代の私たちに欠けているのは、この神に対する信頼と愛と感謝ではないでしょうか。神を信じること、それは依存ではありません。**真理への愛**です。愛をいただき、智慧をいただいて、楽にクリエイティブに生きていくことができます。

自分を愛し、創造の源、神を愛し、感謝し、祈ります。ゆるぎない源への信頼を高めましょう。そしてまかせます。そうすれば、ものに依存する心がしだいにはずれていきます。よりよい望みがあるのなら、それをかなえる才能と力がいただけるのです。

「稼ぐ」から「捧げる」へ
スタンスを変えてみましょう。
よりよく生きるための仕事も
していきます。

熟練のスキルや智慧を若い人へシェアする

仕事があるというのは、ありがたいことです。

年をとっても仕事があれば、健康にもいいですし、精神にも張りが出て若やぎます。そうして働いていればさらに能力も高まり、集中してクリエイティブな仕事ができるでしょう。

若い頃は自分のことに精一杯で、ただ一生懸命に働くだけでした。しかし、年をとったぶんだけ、今のあなたは熟練しています。高度なスキルを駆使したり、仕事への工夫や智慧も湧いてきます。これからはこうした技術や智慧を、若い人に与え、人を育てるスタンスでシェアしていく時期です。

相手を仕事で生かす。そんな気持ちで後進の人たちを育てていきましょう。ここ一番の集中力や、途中で投げ出さない粘り、上手に愛をもって仕事を頼むコツ、今までの経験で蓄積されたものを惜しみなくシェアします。そうやって仕事で人を育てることは、じつはあなたの人格をも、豊かで深みのあるものに育てていきます。自己を信じ、宇宙の自己、つまり源のサポートをいただきましょう。

与えさせていただく、が奉仕の基本精神

生活のための仕事に加えて、捧げるための仕事（務め）もおすすめします。それは自分の魂を浄めるための仕事、といっていいかもしれません。

アフターファイブやウイークエンドなど、たとえ短い時間でもいいのです。家でゴロゴロするよりも、奉仕の精神で皆を助けるような活動ができれば素晴らしいことです。これからは仕事で稼ぐだけではなく、捧げる精神を実践します。

見返りを期待しないで奉仕することで、カルマが浄化され、精神が引き上げられていきます。生活のための仕事もして、同時にカルマを浄めるような務めができれば理想的なのです。

今まで、人は最高の能力をいただいて素晴らしい文化を築いてきました。いっぽうで、自然を汚染し、毒をつくってもいるのです。原子力やテロリストへの恐れで、心が休まらない多くの人々がいます。私たちは、愛もなく神を信じないおごりの人となっていないでしょうか。人間は便利な生活を求める一方、どんどんバランスを崩し、苦しみを生み出す生き方に進んでいっています。

その中にあって、誠実に神を信じ、意識を高める導きをするマスターを信頼することで、自分のカルマが浄まります。人々は日々この世界で生きることでストレスを感じています。よりよい生活を求めて勝ち抜くなかで、欲は執着となり、不満をつくり出し、平和になりません。心の欲望に従っていると、知らないうちに人を傷つけたり、人を依存させたりとカルマを積むことになります。

本当の自己に出会うため、仕事を通してエゴをとる生き方を「カルマヨガ」といいます。カルマヨガは「行為のヨガ」とも呼ばれます。この場合のカルマは、**人の喜ぶ行為を行って魂を浄める生き方です**。労力や時間を捧げることで魂を浄めていくのです。そうしてカルマを取り除き、運命を変え、本当の自分になっていくものです。

暮らしのための仕事以外に、魂を成長させる務めをもつことは、まさにこのカルマヨガと同じものです。大事なのは、奉仕をするときは「与える」ではなく「与えさせていただく」という気持ちで行うことです。

欲望はカルマによって起こります。
遠い昔の喜び、憎しみ、悲しみが
現世によみがえるのです。
これを抑えるには、源につながるしかありません。

カルマが欲望を突き動かしている

人間は素晴らしいクリエイティブな力と集中力をいただき、欲しいものをつくり上げてきました。そして、いろいろなものを探してきました。こうした欲望の原動力は心です。そして、その心は人によって性質が違います。心に記憶されているカルマの違いがあります。そのカルマによって、**心はさまざまな欲望や願いの方向に動いて、それを形にしていきます**。

私たちには過去生（かつて生まれた人生）で成し遂げられなかった欲望を、魂の中に記憶（カルマ）としてもち続けています。そのカルマは種となり、その種がはじけて矢が放たれ、いつかこの今生（現在の人生）や来生（未来の人生）で実を結びます。今生で条件が整うとカルマが出現するのです。よいカルマが実り、成功をしたり幸運をつかむこともあるでしょう。

また、あなたが過去にひどい侮辱を受けたとします。「絶対に見返してやる」という強い思いがカルマとして魂に残り、いつか思いを果たすときを待っています。カルマには、このような否定的な欲望もあります。

今あなたができることは、自分を信じることです。よりよい運命を来生に実現するために、よい行為をすることです。それが今生のあるいは来生のための種まきになっていきます。

ものへの欲望にもカルマが大きく関わってきます。

私たちはものを集めることで、すっかり満たされたように錯覚します。感覚の喜びや心の欲望を満足させると、自分が豊かになった気持ちになるのです。

しかし、欲しいものが手に入らないと、悔しいという強い思いがカルマとして残ります。そのカルマが今生によみがえって、かつての欲望を満たそうとしているのかもしれません。それがものへの強い執着となる場合があります。

また、誰かがもっているものに刺激されて、同じものを求めたりします。このように刺激されてどんどん何か気にかかるものを集める。そうしたスパイラルにはまって、借金をしてまでも欲しいものを集める人さえいます。

そして欲しいものを手に入れるために行動を起こし、それが得られれば満足します。こうした**行為の繰り返しが心の癖**になり、どんどん欲望がエスカレートしていきます。さらに、過去のカルマに加えて、今生のカルマもプラスされ欲望のカルマがとめどなく広がっていきます。

ですからカルマを溶かして、悪い欲望の芽をつまないときりがないのです。運命までも悪くしてしまいます。そのために善行を積んで、無欲で、感謝の心で、悪いカルマを断ち切ります。記憶の中の悪い欲望を変えていくのです。もちろんよい欲望はもっていてもよいのです。大事なことは、気づきをもち、常に手放せる意識に進化をしていくことです。

根源につながれば欲望が断ち切れる

食欲、睡眠欲、性欲は人間の三大欲望といわれています。そのうち食欲は、生理的な機能として、生命維持のために、おなかがすいたことを知らせてくれます。またおなかがいっぱいなのに、目から記憶の執着に刺激がいき、食べたくなるという食欲もあります。そのほか満たされない思いが欲望につながる場合があります。寂しいから味覚を満足させて幸せになるという、それが癖になっている人もいるでしょう。

しかし、こうした欲望を、正しい感覚で行動に移すためには、常に安定した精神状態でいる必要があります。楽しいことを行うとか、あるいは自分を愛する、または人に愛してもらい内側から満たしていくと、これらの欲望を抑えることができます。学問や奉仕をして、自分自身を豊かにしていくことでも同じ効果があります。

性的な欲望は、相手を真から愛し、その魂を尊重する純粋な愛がよいのです。ただ肉欲を満足させるための欲望は、相手への尊敬がなく魂に傷がつきます。そうした心と行為は、エネルギーを早く消耗し、生命力を失わせてしまいます。

欲望に対しては**「足るを知る心」で、満足する心を育みます。**心をコントロールできるように成長するのです。**本来、人は純粋な存在です。すべてをもっているのです。何もいらないのです。**

しかし、心を自分と思い、その欲望に従って生きています。どう生きていったらいいのか、正しい心の使い方を知るということは、品性の高い人に成長するということです。自分も人も傷つけないことが重要です。睡眠欲、食欲、性欲を厳しくコントロールし、エネルギーを無駄に使わないようにします。それは意識を高め、進化することでできます。

たとえば、話すことでエネルギーを漏らしたり、人を傷つけたり、二枚舌、悪口、饒舌《じょうぜつ》、無駄口など、無知な言動を戒めます。執着する方向にいくことを戒めます。「自分、自分」と自分を守るところから欲望が生まれますが、私たちは守られ、すべてが与えられていることを知ります。

欲望を、社会をプラスの方向へ導くエネルギーにしていくと、もっとよいカルマとなり、あなたを楽に幸せにしていきます。さらにそうしたことも気づきをもって行います。たとえ人を幸せにする欲望でも、人は欲望に振り回されます。またそこに競争が生まれます。それを根本から解消するには、心から離れ、心以上の存在とつながることです。

ヒマラヤの瞑想はそれを実現させてくれるのです。無心になり、高次元のエネルギーとつながらせてくれます。欲望をコントロールできる人に生まれ変わることができます。そして平和な心で、あなたの望みをかなえ、幸せになることができるのです。

瞑想は若返りと不老長寿の薬になります。

執着にならない程度に楽しむ

趣味をもつことは素晴らしいことです。あなたの新しい才能を伸ばしたり、やりたいことを実現していけます。ただし、ほんの息抜きのつもりが必死になり過ぎると、疲れてしまうことになりかねません。度が過ぎないように、気づきをもってやればいいと思います。

なかにはお金がかかる趣味もありますが、道楽が過ぎて破綻するようでは安らぎがなくなります。また、趣味が逃げ場になっている人も見かけます。そこに逃げ込んでいる間は楽になり、安心していられるようです。これはある行為に依存して消耗しているだけの姿です。いずれにせよ、趣味が高じて心の癖になると、執着が生まれて弊害も出ます。あくまで気分転換のつもりで楽しめばいいのです。

瞑想はもっとも高級で高尚な趣味

これから何か趣味をもちたいと思っている方には、瞑想をおすすめします。瞑想は高級な趣味と考えると受け入れやすいかもしれません。悩みがないから必要ない、悟りなどめざしていないから関係ない、と思わないでいただきたいのです。

瞑想は悟るための修行というだけでなく、気づきをもたらし智慧が湧き、ものごとを深く理解できるのです。リラックスして心身の疲れをとり、生命エネルギーを充電します。私のところでは、赤ちゃんから、お年寄りまで祝福をいただき、さらに瞑想修行の安全な秘法をいただいています。90歳の人も瞑想を行っています。瞑想は、その人の生活のスタイルに合わせて、無理なく行うことができます。

瞑想は**ネガティブなエネルギーを浄化して、整理整頓して若返らせます**。最高の健康法、美容法なのです。そして本質を知る求道、実践の教えです。死を迎えるにあたって、それを超え、天国に行く準備になります。

瞑想は〝あなたの命をいただく〟行為です。瞑想でいただいた智慧とエネルギーにより、すべての才能が開花し、成功に導かれます。頭脳明晰になり、趣味も上達します。愛と智慧が湧いて、魅力が増します。

何よりも、瞑想は執着を落とし、楽に自由になっていきます。内側を磨く品ある営みであり、これからの人生を有意義な時間にするのではないでしょうか。

第3章

「つながり」について

ほどよい距離感をつくります。
緊張から調和へ
関係を成熟させていく時期です。

干渉や依存をやめ、相手の価値観を認める

夫婦も長年連れ添い、お互いに年をとると、何も言わなくてもわかり合える部分があると思います。まるで空気のような、よい家族、よい友だち関係とでもいうのでしょうか。現実にはお互いにあきらめているところもあったり、うまく利用している面もあるでしょう。

便利な世の中になり、衣食住も満たされていますが、50歳を超えたこのあたりで一度自分たちを振り返り、体や心の調和、夫婦の調和がとれているのかを確認しましょう。体とは何か、心とは何か、どうすれば健康で心も安らかになり、ふたりが調和をはかって生きていかれるかを考えましょう。

理想をいえば、夫婦がお互いによい影響を与え合っていくこと。心の気づきを増して、さらに愛を大きくし、お互いが元気になる関係になることです。それには相手の立場を考えるということです。思いやりが必要です。何か必要なことがあれば手伝うのです。しかし、依存にならないようにしていきます。

そして、内側を整えていきましょう。内側を整えるのは大いなる変化の旅であり、

冒険です。そこには今まで積んできたカルマがあり、よくなることを阻止しています。それを浄化して、それを磨き、軽やかにしていきます。さまざまなお互いへの要求やジャッジなどの執着をとっていけば干渉や依存がなくなり、ほどよいバランスが保たれ、よい距離感が生まれるのです。

それは新たなる人生の学び合いです。さもないと、愛情が深いということを勘違いして相手に干渉し過ぎたり、気にし過ぎたり、上下関係になったりすることもあるでしょう。そして相手を厳しくチェックして、自分の価値観を押しつけようとするのです。「これができていない」「あれができていない」と相手にガミガミ言ったりして険悪な関係になってしまいます。現役で仕事を忙しくしているようなときはいいのですが、暇になるほど相手の欠点が目につくものです。自分の道徳的な価値観で、相手を裁いてしまうのです。

目に見える相手の外側のものは、その人が心のバランスをとるために、自己防衛でつくってきたものです。その人なりの価値観でバランスがとれているので、他人が見ると変な具合に見えることもあります。「どうして怒るの?」と疑問に思うことも、相手は怒ることでバランスをとっているのです。

夫婦であっても価値観は違います。その違いを怒っても直りません。言えば言うほど、相手はどうしたらいいかと悩んでしまうでしょう。あるいはわかってはいるけれどもやめられないということもあります。そんなときは「人をどうにかしたい」というあなたのエゴをはずし、すぐに切り替えるのです。

「仕方がないことなんだ」「相手は相手なりの生き方で頑張っている」と慈愛をもって許すことが、円熟期を迎えた夫婦のとるべき道です。そのことで何かが変わり始めるのです。お互いのエゴがぶつかって、夫婦関係がにっちもさっちもいかなかった人が、私のところでディクシャを受けたら、エネルギーが変わって、関係がよくなった、そんな体験をよく聞きます。

私と出会った頃のNさん（55歳）は、本人もご主人も仕事に追われ、身も心も疲れ果てて、ちょっとしたことで言い争いが絶えませんでした。ご主人の言葉は心に突き刺さることが多く心が痛みました。Nさんも反撃する性格で、ほぼ毎日のように言い争いが続きました。

ところがディクシャを受けて、ゆっくりと変化が起きました。以前のNさんはご主人の顔色をうかがい、それが大きなストレスになっていましたが、今はその言葉に一喜一憂することがなくなり、聞き流せるようになってきました。会話に余裕ができると、ご主人のきつい言葉が減っていき、言い争いのない時間を過ごせるようになったそうです。

〝夫婦で瞑想〟は贅沢な時間

今までは仕事や子育てに追われていたと思います。しかし、子どもの手が離れたり巣立っていったり、少し時間に余裕の出る時期でもあるでしょう。ゆったりとした心持ちで、夫婦間が緊張関係ではなく、調和をめざしていきましょう。

年をとってくると、だんだん体も弱ってきます。これからはどうやって体と心を再生して、元気でやっていくか、病気をしないで平和に生を終えていくか、そんなこともお互いに考える時期だと思います。尊敬し合い、許し合って生きていきましょう。なかなか素直になりにくいとき、内側を変えると早いのです。それには瞑想をすることをおすすめします。

瞑想はあなたの内側を整理するとともに、パワーを充電します。気力が出てきます。心と体の調和をはかり、穏やかな時間をつくり出します。それは普段の生活の中で、無理なくできるのです。

瞑想によって魂が充電されると、発想力が冴え、考える力やアイデアが引き出されます。世の中が平和になるように、人の幸せを考えて生きられます。真理を知っていくことで、まわりにもよい波動を送れる人になります。

理想は夫婦で真理を追究することですが、どちらか一人でも瞑想を始めると、パートナーや家族との関係が変わっていきます。宇宙的自己を信じ、小宇宙の自己を信じます。神を愛し自分を愛し、まわりに感謝と愛が湧きます。そして、相手の中に純粋な魂があることがわかり、「皆違うカルマをもち、一生懸命生きている」と相手を許し、尊敬し合えるようになるのです。

瞑想は成熟期を迎えた夫婦にふさわしい、贅沢な時間の使い方です。そしてふたりの調和をはかる、最強のコミュニケーション・ツールでもあります。

子どもは神さまからの預かりもの。
魂が喜ぶものを子どもに与えることで
品性のある「大人の親子関係」になります。

依存する関係が親離れ、子離れを遅らせる

あなたが50歳を過ぎていると高校生や大学生、もう働いているお子さんがいるかもしれません。このくらいの年齢になれば、親も子どもに執着しないで、お互いに自立しないといけません。

最近、成人しても働かず、親に寄生しているニートが多いと聞きました。いろいろな事情があるのかもしれませんが、親が甘やかし過ぎたために、子どもが自立できないのではないでしょうか。

親離れ、子離れといいますが、愛を与えているつもりで、お互いが依存し合って離れられないのです。昔は生活が大変で、どこの家も子どもは若い年齢から働き、食いぶちぐらいは稼いでこい、なんて言われたものです。

親はその子がよい生き方ができるように、教育などを受けさせる援助をしてきました。しかし、そのままずっと親のすねをかじる状況が続く人もいます。アメリカなどでは自分でローンを組んで学費をまかなって大学に行き、そうして社会人になって返していくようです。

ある程度の年齢を過ぎたら、自分の子どもといえども、ひとりの人格として尊重して、信頼していくべきです。子どもを溺愛する母親には、自分の思いどおりに、自分の価値観に子どもを染めようとしている人がいます。しかし、子どもにも魂があって、その子なりに生きようとしていることを認めましょう。

自分では子どもに無償の愛を与えているつもりですが、じつは自分の寂しさから愛したり、エゴや欲望で世話を焼いているケースが多いのです。夫婦仲の悪さを埋めるために子どもを叱ったり、プライドの高い母親がやたらと厳格にしつけをするようなこともあるようです。

しかし、子どもは親の所有物ではありません。神さまからの預かりものです。神の分身を魂にもった存在です。「いずれは神さまにお返しする」という気持ちで、尊敬と信頼をもって接し、早く子離れするほうがいいのです。

親の生きる姿勢を子どもに見せる

子どもを自分のもちものだと勘違いすると、溺愛したり、叱ったり、自分の感情でガミガミ言ってコントロールしようとします。ですから親が自分の意識を高めていかないと、子どもとのつき合い方や距離感を間違えてしまいます。

何よりも親自身が満ち足りないと、よい教育はできません。そういう意味では、親も子も、いくつになっても高い意識をもちながら、互いに尊敬し合える関係でいたいものです。

高い意識とは何でしょうか。自分のことしか考えないセルフィッシュな心、思うようにならないと人をジャッジしたり、また感情に翻弄されたり、否定的に考えてしまう心は、高い意識ではありません。

自分を信じます。善行をすると、カルマが浄められ純粋になります。執着がはずれ、宇宙的愛が多くなります。智慧が湧き洞察力が優れるのです。神聖さが目覚めるのです。神にゆだね、愛を出し、思いやりを出していけるのです。身も心も軽くなります。相手の立場に立って、愛をもつことができるのです。

親やきょうだいとの絆を
あらためて感じる年齢になりました。
お互いに尊敬をもっておつき合いします。

奉仕するカルマは、前世のお返し

50歳を超えた人たちにとって、高齢になった親の世話や介護は身近な課題でしょう。年はとりたくない、と誰もが思います。せめて迷惑をかけないように気をつけていても、重い病気になることはあります。もしもあなたの親が介護を必要とする状態になったら、感謝の気持ちでやっていくことです。これはなかなか難しいことですが、純粋な愛からやっていかないと相手もつらくなります。

親の面倒をみるのは「奉仕をするカルマ」だからと考えてください。過去生で自分が面倒をかけたお返しをさせてもらっている、そう思って無償の愛を与えてください。お返しの機会をいただけたことに感謝します。介護する側、される側といいますが、介護をされる側もつらいものです。よい波動を与えて、愛を感じながら過ごせるようにしてあげてください。

あなたにきょうだいがいるのであれば、一人ひとりができることをすればいいでしょう。お金を出す人、お世話をして時間と労力を捧げる人、いろいろです。「私のほうがよく面倒をみている」と競い合わず、親に気に入られようと出しゃばらず、兄弟姉妹がお互いに尊敬しながら、慈愛をもって面倒をみられれば親も幸せです。また、介護の専門家がいる施設に預けるのもいいことです。そこには仲間がいるので、両親は明るく開放的な時間を過ごせるでしょう。介護に慣れていて、責任感とプロ意識をもつ人（施設）にまかせるのもひとつの選択です。

介護を子どもが行うと、変な遠慮や義務感が伴って、長く続けるのがつらくなります。親のことは専門家におまかせして、自分の能力を発揮して働くことに専念し、そしてときどき両親を訪ねるのです。そうした分業をするとよいのではないでしょうか。

私のところにきている、親の介護を経験した人たちに聞くと、聖なる波動につながると介護が楽になったそうです。それは、波動が生命力を引き出すからです。

また、介護は受ける側も気をつかい、お互いに重苦しくなりがちです。ヒマラヤ秘教の瞑想はアヌグラハという高次元の波動を伴い、感情や心を最速で浄化し、慈愛が深くなり楽になります。そうすると自分の価値観にとらわれなくなり、親への尊敬と、さらに親の人間的部分への理解が増すのです。エゴの主張でケンカして離れていた親子が仲直りするケースもあります。執着や依存がなくなって、お互いの距離感が適度にとれるようになるからでしょう。

きょうだいの絆を再確認する時期

親を除いた身内といえばきょうだいが身近な間柄ですが、皆相応の年齢になりますからそれぞれに家庭もあることでしょう。自分の生活がありますから、考え方にも違いが出てきます。普通はお葬式や法事、お盆の帰省などで集まる程度でしょうか。しかし、親のことで協力が必要になるような機会があるかもしれません。それぞれの生活を尊重しながらも、きょうだいの絆をどこかで再認識しておく必要があるかもしれません。とかく血縁関係は相手に期待したり、尊敬がなかったり、何かあると相手を責めがちになることもあるでしょう。

この世界は、仮の世であり、自分が所有するものは何もありません。ただ尊敬と、やさしさをもって接しましょう。インドでは、結婚しても一軒の家で各階に分かれて、きょうだいとそれぞれのお嫁さん、両親と、何十人も和やかに生活しています。よりシンプルで距離感をもって、尊敬し合う関係になるには、瞑想をするといいのです。瞑想は執着をなくし、人を思いやることができるようになります。きょうだいも自然にいい関係になるでしょう。

自分以外の人は源が送ってくれた
学びの対象です。
尊敬し合い、許し合い、調和していきます。

職場での人間関係は与える人になる

友人や知人同士でもすごく仲のいい人たちがいます。なかには年をとってから一緒に暮らすような例もあります。性格の違いがあってもエゴがない関係だと、お互いに尊敬し合ってうまくいくのでしょう。

こういう人たちは、心が素直なのです。相手を理解して、許し合うことができる人たちです。こだわりが薄く、自分の価値観を相手に押しつけません。他人との調和を考えるときに、これらはよいお手本になります。いつでも、どこでも、誰とでも、こうした心がけがあればうまくやっていけます。要は思いやり、愛の問題です。

それは職場の人間関係でも同じです。仕事をするときは、するべきことをします。キャリアを積んで、ある程度の年齢になれば、自分の仕事をしっかりやって状況によってはまわりの仕事も手伝ったり、事情を理解して手をさしのべたりすることも必要です。これからは人に与える姿勢がないと尊敬されません。人に仕事を押しつけるのではなく、相手が成長するように教え、育てるようなあり方がいいのです。

愛から行動します。利己的な理由や、人を利用するような仕事の与え方はよくありません。大切なのは自分も楽しみながらやる、ということです。それが仕事場の雰囲気をよくすることにもなります。

相手の生活を重んじて、ご近所には依存しない

ご近所とのつき合い方も、あまりベタベタして、依存し合うような関係は考えものです。暇だからとか、寂しいからおつき合いするというのでは、もたれ合いになります。仲がよいときはいいのですが、ひとたび何かあったときはもろい関係です。

今は共働きだったり、昼間は外出したりする人も多いので、ご近所でも顔を合わせる機会が少ないようです。昔は共同体の皆で掃除をしたり、道路の修繕をしたりして、コミュニケーションをとっていました。そうしたご近所との関係は一時希薄になりましたが、2011年の東日本大震災以降は、地域の絆を再認識する活動も盛んになっているようです。

また、友人に依存し過ぎるのもよくありません。尊敬をもち、節度のある距離感を保つことが必要です。助け与えることが大切です。

他人も身内も含めてこれからの対人関係では、**相手との調和**を第一に考えていきましょう。尊敬し合う、許し合うことが基本です。自分の価値観だけで人を見ないことです。そうすればエゴとエゴの衝突や偏見、差別もなくなります。

人に親切にする、挨拶する、これだけでも尊敬や愛を与えていることになるのです。気軽に声をかけたり、親切にしたりすることを躊躇してしまうのは、やさしくしてつきまとわれないか、依存されても困る、などと考えてしまうからでしょう。

「君子危うきに近寄らず」で重たい関係になるのを避けて、あえて距離を置くような習慣があります。会合などで顔を合わせたときは親しくしますが、それが終わればもう他人と割り切ります。しかし、それでは少し寂しい気がします。心にゆとりをもち、愛と尊敬を表したいものです。

自分以外のすべての人は、神が送ってくれた学びの対象です。神が宿っている存在です。お互いに尊敬して、愛をもって接していきましょう。そう意識すれば、すべては楽になっていくのです。

他人は変えられません。
あなたの内面を満たすと
不満や怒りは消えていきます。

不足ではなく、よい部分を見て相手を許す

人と人がおつき合いをしていれば、行き違いや意見の違いから、不満や怒りが生まれることがあります。自分の思うようにならないとイライラして相手を攻撃したりします。

最近は公共の場で、50代以上の人が傷害事件を起こす割合が多いと聞きました。昔なら分別のある大人です。人前で暴力沙汰を起こすのは恥ずべきことでした。なぜ、このようなことになるのでしょうか。

一番の原因は「足るを知る」という心が忘れられているからです。現在の自分がいかに満たされているか、わかっていない人が多い証拠です。狭い心で生きているため、不平不満で凝り固まっているのです。

怒りにもいろいろあるでしょう。自分の意見が通らない、望みがかなわない、相手からの理解が足りない……。しかし、これらはすべてエゴの怒りです。相手への要求が高過ぎるのです。勝手に高いハードルを設定して、それをクリアできない相手に怒っているわけです。これを続けている限り、どこまでいっても満足できません。

相手は変わってくれません。相手に変化を求めるのではなく、自分が変わらないといけないのです。「ここまでしてくれれば十分」「相手も一生懸命にやっている」。そんなふうに発想を変えてみます。相手の不足にばかり目を向けず、よい面も見ること――それは許す心であり、感謝する心につながっていきます。相手に愛を与えることになるのです。

内側を満たせば、外側の不足や怒りが消えていく

私たちはそれぞれの価値観をもっています。自分の物差しで他人をジャッジ（判断、批判）せず、多様性を認め合い、許し、尊敬する目線をもちましょう。

若い頃は不満や怒りがあると、ストレートに相手にぶつけがちです。しかし、これからは不満や怒りをうまくかわしたり、いなすような術を身につけたいものです。ただ怒りを人にぶつけるだけでは、年齢を重ねた進化が見られません。

年をとると頑固になるという方もいるかと思います。いろいろ体験して自分の価値観が固まり、信じているからです。その人にとってはそれがよかったかもしれません

が、すべての人に当てはまるわけではありません。その点に気づいていきます。**外側の不足を満たそうとせず、自分の内側を満たしていきましょう。**自分のよいところを見つめるとか、相手に感謝する気持ちをもつなど、自分自身を変えていくのです。そして積極的によいエネルギーに変えて、さらに瞑想も行っていきます。深く内側を浄め、磨き、満たしていくのがよいのです。

見えない存在、この宇宙をつくり出した存在を信じます。そこにつながり、信頼すれば変容が起きます。パワーをいただきエゴが消え、他人への不平不満も感じません。さらに、生かされていること、体が使えることなど、今まで当たり前と思っていたことに感謝ができ、より内面が満たされるのです。

祈りは大切です。あなたの気持ちを純粋にします。朝起きたら源につながり、「生かされてありがとうございます」「今日も平和な心でありますように」。そう祈るだけで、一日よい心で過ごせます。これが修行の始まりです。あなたの生活をよりよいエネルギーにつなげていきます。こうして自分の内側を平穏にすれば、人への不満や怒りは自然と鎮まっていくものです。

人生はカルマによって
トータルでバランスがとられています。
源の配慮にプラスもマイナスもありません。

カルマは比べようがない

人それぞれにカルマが違います。その人の歩んできた人生は、すべて必要があってそのようになっています。そのときどき、一生懸命に生きるために選択してきた結果なのです。自分と他人の人生を比べ、どちらの人生がよいとか悪いとか、成功や失敗、そのような比較はまったく意味がありません。

私たちは社会的な地位や裕福さなど、目に見えるもので人の優劣をつけたがります。しかし、お金持ちと貧しい人を比べて、お金のある人のほうが必ずしも勝者とはいえないでしょう。それぞれが幸せを感じる物差しが違うのではないでしょうか。

お金はあるけれども家族の愛がない人。貧乏だけれど仕事に生きがいがある人。人それぞれいろいろな事情があるので、一概にこれがいいといえるものではありません。

また、お金持ちはすごく働いて努力した結果、大金を手にしたのかもしれません。貧しい人はリラックスを優先したため、それほどお金が稼げなかったのかもしれません。人生はカルマによってトータルにバランスがとれているのです。

インドでは、運がいいのは本人の今生の努力もありますが、過去生の努力、両親や先祖の功徳があることも影響するといわれます。いずれにしても、そうしたことも受け入れつつ、さらに自分がどう幸せになるかを考えて、人生をよりよいものに進化させていくのがよいのです。

来生のことを考えていくのもよいでしょう。今、実りを見なくても、次の生に実りを生むためのことをしていくのです。それぞれの人生では競争もあっていいと思います。そのことで頑張り、意識がしっかりして、目標がはっきりするでしょう。その中で常に調和をとり、カルマを浄めていきます。善行を積みます。そうしたことも**競争へのよりよいエネルギーの供給になります**。未来を見据えた「本当の幸せ」があるのです。

豊かさを感じるのもいいでしょう。ただし、常に分かち合う心を忘れないようにします。大いに成功を収めてください。あなたの才能を思う存分発揮してください。自己実現をします。悟りの実現は、ビジネスの悟り、趣味の悟り、さらに本当の自分になる悟り、それぞれのカルマで今、あなたがもっとも自分にふさわしいものを選択します。

他人の中に源を見て、尽くす

すべての人は源から送られてきたのです。他人との違いを探すのではなく、皆さんの幸せを祈りましょう。源を信じます。愛します。そこに向かって感謝をします。

そして、さらにあなたのカルマを美しいものにしていくために、皆の幸せを願いながら、愛から人を助けていきます。それが自分の功徳になり、された側も喜ぶでしょう。やさしい言葉をかけ、親切な行為をしていきます。

もっとも純粋な悟りの道は、神への信仰です。神を信じ、マスターを信頼します。すると、どんどんパワーをいただくことができます。そこからの言葉を信頼し、それを実行します。すべてを捧げます。インドではそれをバクティといいます。

すべては神から与えられたものであり、**神に返していく**のです。この世界はかりそめの世界です。神におまかせして、素直になります。サレンダー（明け渡すこと）します。すると神と一体になるのです。悟りが起きるのです。

度を越して他人の目を気にすることは
ありません。
ほどよい間合いをとればいいのです。

奉仕をすれば他人の目が気にならない

人は、まわりにどう思われるかを気にします。世間体を気にします。もちろん社会のルールや常識に従い、他人に迷惑をかけないように生きることは美徳です。他人の目が光っていることが、抑制につながるところもあるのです。しかし、これからはあまり堅苦しくかまえず、心を放って好きに振る舞ってもいいのではないでしょうか。

人によっては、他人の目をとても気にします。それは心の癖です。完全主義者なのでしょう。厳しく育てられたのかもしれません。気にするほどのことではないのにとても気にする人、罪深さや後ろめたさを感じる人もいます。こうした方は、自分を許すことです。あるがままの自分を受け入れます。奉仕をします。見返りを期待せず、ただ無心で行うのです。それは精神統一になります。**よい行為は心が安らぎ、その結果いいエネルギーが湧き上がります**。自分が何もしないと不安になり、また自分を責めたり、人と比較したり、まわりの評価を気にしてしまうのです。

いい人になると気が楽になります。人のために役に立っていると、後ろめたさもありません。深いところからのよいエネルギーが流れ、気にする心を浄化し、まわりからの余計なエネルギーを受け取らなくなります。

瞑想をするときも、自分のためだけでは気が引けると思う人がいます。しかし、あなたが静かに平和になれば、そのエネルギーが集合意識のレベルからまわりに影響するのです。ですから世界が幸せになるように祈る意義があるのです。

人にはそれぞれ役割がある。まかせられることはまかせる

インドでは、両親は将来、自分たちの面倒をみてもらいたい気持ちもあり、子どもを産み育てるそうです。たくさんのお世話をして育てます。子どものために嫁や婿を探します。娘には持参金をつけ、また息子には家を与えます。インドで親になるのは大変な感じがします。最近は経済的にも裕福になり、親の言うことを聞かず、自由恋愛で結婚して親と離れて暮らす人も出てきているようです。

日本では、親の面倒をみたいと思っていても、さまざまな事情でやむを得ず高齢者施設などへ預ける人もいます。そのときに多くの人が世間体を気にするそうです。親を見捨てた、愛情がないなどと、まわりから非難されないか不安になるそうです。

親思いの人は「なんとか自分で面倒をみなくては」と背負い込んでしまい、仕事や家庭など、自分の生活を犠牲にするケースもあると聞きます。しかし、その人に才能があるなら、それを生かすのが両親の願いだと思います。それを社会のために生かさないのは損失です。

人にはそのときどきの役割があります。仕事をして才能を生かす人もいれば、それを手助けする人がいてもいいのです。それがその人の功徳になり、よいカルマにもなるのです。そう考えればずっと気が楽になりませんか。

親孝行はいろいろな形があっていいと思います。近くにいなくても、遠くで世の中の役に立っていれば、親にとっても誇りでしょう。世間の常識や自分の価値観で、親の面倒をみなければならない、と強迫観念に縛られるのはよくありません。自然界の動物たちは子離れが早いものです。子どもは早く自立して、その親も子どもがどこに行ったかわからないような関係です。人間だけが親と接している時間が長いのです。

親も、小宇宙の自己、本当の自分とつながり、常に内側から満ち、よりよいエネルギーを満たして、まわりに愛をシェアします。すべての人が愛する子どもであると、宇宙的な母や父の気持ちで生きるとよいのです。

瞑想で思い込みをはずせば世間の目も気にならない

第1章でも紹介しましたが、心（マインド）につながっていると心配や不安が次々と起こってきます。世間体や他人の目も同じことで、取り越し苦労や思い込みが邪魔をしています。これからさらに年をとり不安になります。常にヒマラヤの教えの恩恵で神につながり、そこからのパワーと智慧をいただくことで、すべてがよりよい方向に向かいます。あれこれ心配することがなくなっていきます。マインドにつながらず、神につながるのです。自分の価値観や世間にとらわれることなく、自由に振る舞えます。ヒマラヤの瞑想が、毎日の暮らしに静かな自信とリラックスを運んでくれるのです。

永遠の存在につながることで、大きなものに守られている安心を感じます。それが親や家族も包み込んでくれるので、自分ひとりで頑張らなくても大丈夫と思えます。すべては大いなる存在がやってくださると、ゆだねる気持ちが大切です。

第4章

これからの覚悟

人は皆、寿命がきたらこの世界を旅立ちます。
自分もやがて変わっていくこと、
死がくることを受け入れると楽になります。

すべて変わっていくのが当たり前

私たちの体と心と魂は、神からいただいたものです。

本来ならありがたく使うべきですが、多くの人は幸せになるため、願いをかなえるために無意識に体や心を酷使しています。あれが欲しい、これが欲しい、あれが見たい、これが見たい、と心（マインド）に振り回されて行動しています。あるいは行く末を心配したり、過去にとらわれたりと、心と体に負担をかけています。

心を使い過ぎると免疫力が低下し、元気がなくなり、気分が落ち込んで何かと不安になります。それがひどくなれば病気になってしまうでしょう。ある程度の年齢になれば、エネルギーを回復させるのも大変です。できるだけマインドのはたらきを抑えて、**無駄なエネルギーの消耗をしない**ように心がけましょう。神さまからの預かり物である肉体に、感謝をもってていねいに接していくのです。

50歳を超えた多くの人は「寝たきりになったらどうしよう」などと、健康面の不安を抱えている人もいます。想像をたくましくして、心配で頭がいっぱいになってしまうのでしょう。

過去のことにとらわれたり、目の前のことも疑ってかかったり、いつもマインドがフル稼働しています。生きているだけでどんどん疲れ、老け込んでいっているのです。

これからは、思いがあちらこちらへ行って右往左往しないように、何も考えないで**「今ここに」いるのです。そうすれば心は消耗しないで充電されます。**それが体の回復力にもなるのです。

しかし、誰もが老いて、病気にもなり、やがて死んでいきます。いくら心配してもこの事実は変わりません。今をそのまま受け入れることが大切です。

すべては変化し、人は年をとっていきます。それを受け入れなければなりません。体も変化していますし、心も変化しています。

それでも不安を感じる方は、心を安らがせるために、本当の自分につながるとよいのです。それは変化しない永遠の存在です。そこに、つまり神につながり、神を信じます。そのことで、あなたはマインドを離れ客観的に自分を見つめられるのです。

根源の動かない存在につながると、中心が定まって精神が安定します。自分の中に信じるものがあると、変化することが怖くなくなります。変化を受け入れて、理解するゆとりが出てくるのです。

ヒマラヤの「不死の教え」

ここでヒマラヤの教えのひとつをご紹介します。

私たちの体は、細胞が増殖や死滅を繰り返しながら維持されています。ストレスなどで細胞が異常な増殖をすると、ガンなどの原因にもなります。そこで変な増殖をしないように、その内側を源の力で浄めていくのです。そうすれば肉体の機能が長く使えます。

さらに、私たちは、自分自身が心だと思い込み、心につながっているので、常に消耗しています。ところが、あなたの奥に変化しない永遠の存在があります。それは本当の自分です。そこにつながることは、変化しない安らぎを得ることです。そこには消耗がなく、すべてが満ちています。

肉体は消耗して寿命がなくなると死を迎えますが、あなたが本当の自分になるために修行をすると、長く健康に生きられるのです。そして、それになりきったとき、永遠の命を得て、死なない人になることができるのです。これがヒマラヤ秘教の「不死の教え」です。

人は死を迎えると、自分がもっているカルマのクオリティ（質）のところへ導かれます。高次元の純粋な魂がある世界には行けません。だからこそ、**自分の内面とカルマを浄化し、魂の神性を輝かせることで、高次元の魂の世界へ向かうのです。**

死んで彼岸（あの世）へ行けば肉体は朽ちますが、魂は生き続け、また生まれ変わります。死ぬと肉体という着物を脱いで旅立ちますが、魂は不死なのです。

本来、不死の人になることは不可能ですが、今あなたはヒマラヤの叡智を使って、不死の人となることができます。そのためには、ヒマラヤ秘法で体と心を浄めます。できることは、よい心で、よい行動をする。その結果、よいカルマが積まれ、さらに浄化が深まっていくのです。

神を愛することで美しい人になる

どうぞ、健康で長生きするためにも瞑想をしてください。

神につながり、あなたらしく生きてください。もし何か自己実現をしたいなら、あなたの才能を目覚めさせることができます。意志の力を強め、才能を目覚めさせ、人を喜ばせ人を助ける生き方をしていってください。それは偉大な生き方であり、魂も喜びます。それは自然な生き方であり、見返りを期待しない、シェアする生き方です。

人は年をとるとさらに執着が強くなり、何かを失うことが怖くなります。いろいろ体験してきました。もうあきらめられるものは、あきらめましょう。あとに残ったものを輝かせるのです。それは命です。命はすべての人に平等に与えられています。それを輝かせることで新しい可能性が開かれ、存在するだけで自然で美しいのです。

どこにも行かずに、今ここにいます。**私たちに与えられた体と心は、本来、人の幸せのため、悟りのために使う道具なのです**。瞑想をします。そして、大いに楽しみながら気づきをもって生きていきましょう。

また、健康でいるためには、おいしいものを腹八分目で食べましょう。深く上手に寝ましょう。豊かさを楽しんでください。

しかし、いつかそれらとお別れすることを知ります。

神につながり、神を愛します。それは美しい人になる秘訣です。それは見返りを求めない純粋な愛のことです。自分の中の神、皆の中の神を尊敬します。

お世話をかけても
恐縮しなくていいのです。
相手の善行を積む機会に
なっているからです。

恐縮するのは自己防衛のあらわれ

年齢を重ね、もしもあなたが、介護される立場になったら「迷惑をかけたくない」「みじめな姿を見せたくない」と嘆いたり、悲しんだりするでしょうか。あるいは、生きる望みもないと絶望するでしょうか。

しかし、お世話をかけるからといって恐縮することも、希望を捨てることもありません。第2章でも紹介しましたが、奉仕するカルマとされるカルマがあるのです。介護するのは家族だったり、介護の専門家だったりしますが、それもその方のカルマです。ご縁なのです。過去生であなたが面倒をみてあげたので、そのお返しをしてもらっているのかもしれません。

じつのところ、お世話をしている人は、そのことで功徳とよいカルマを積むことができます。それは、人の命を輝かせるお手伝いをすることにもなるのです。お世話する側は慈愛をもって行い、相手を喜ばせ、相手に平和な心と生きる勇気を与えることになります。

お世話を受けている人は感謝をもって、気持ちよくその方にお世話してもらえるようにしましょう。すべての出会いは学びなのです。そうした縁をあるがままに受け入れ、素直に介護されましょう。お世話をしている方の功徳を積む機会になっている、そう考えれば少し気が楽になることでしょう。

恐縮して申し訳ないと思う気持ちでは萎縮してしまいます。**恐縮することで人間関係を円滑にする役割もありますが、現実は変わりません。**むしろ不自由な中でも精一杯生きることが、まわりの人へのお返しになります。そこに学びがあります。

一生懸命な生き様を見せながら、「いつもありがとう」と感謝を込めて祈ります。落ち込み悩んでいるよりも、こうして平和な心でいることが、介護する側にも学びとなるのです。

ヒマラヤの波動がお互いを浄める

まわりの人への感謝とともに、神への感謝も忘れないためには、ヒマラヤの恩恵によってヒマラヤ瞑想の秘法の音の波動（マントラ）をいただくといいのです。そうすればたとえ寝たきりになっても、その波動があなたを癒やしてくれるのです。

さらに、自分が今まで無知で人を傷つけたかもしれない、自分の体やまわりに感謝がなかったかもしれない、そうしたことをお詫びします。そして、「ケアされている体ですが、こうして生かしていただいています、ありがとうございます」とすべてに感謝します。そして安らかに皆の幸せを祈れば、よい波動がまわりへ伝わり、介護する側、される側の両方が浄められ、和やかな気分にもなれます。

介護をする人は、こうした人のお世話ができる機会に感謝します。慈愛の修行ができることに感謝します。「やってあげている」より、自分の魂を浄めるために「やらせていただいている」と思います。あるいは自分の力ではない大きな力によって、このように人をお世話できると考えます。

ヒマラヤの教えをいただくと、たとえ介護や寝たきりの状態になっても、守られているという安心感から平和な心をもち続けられます。病気や体の不具合を学びの機会として受け取れます。死ぬまでそうして成長できます。意識を高めるために与えられた生を、いかなる環境でもまっとうできるのです。

奉仕の心をもつ人には、
必ず救いの手がさしのべられます。
今この瞬間に感謝すれば、
先々の不安は消えていきます。

人を助けていれば自分も助けられる

ある年齢以上になると、将来の経済的な問題について考えるようです。その境遇もさまざまです。子どものいる夫婦、夫婦ふたりだけ、独身の人もいます。「病気で働けなくなったらどうやって食べていくか」「定年後は年金だけで暮らしていけるか」……。若いときから生きるために頑張ってきたのです。今こそ立ち止まって、真の豊かさに出会うときです。この生は何のために与えられたのか。そうしたことに気づき、ともに生きてきたこの体と心にさらに感謝しましょう。

年をとったら「足るを知る」で、今ある状態に感謝するのです。すべては原因があって結果があります。今の状況は過去の結果です。頑張って生きてきた、あるいはともかく生きてきた証です。あるがままを受け入れ、感謝します。そして、今できることから始めます。**よい思いはよい結果をつくるのです**。

見えない存在があなたに命を与えています。感謝しましょう。生きる力を与えてくれています。感謝します。呼吸ができることに感謝します。一つひとつ感謝をしていき、さらにこの心と体をよりよい方向に使っていきます。

皆に親切にして、まわりを笑顔にして、自分のできることで人を助けていきます。皆の幸せを祈ります。それが品格のある暮らし方です。自然に感謝して、ものへの理解を深めていきましょう。今与えられていることに感謝して、ベストを尽くします。内面が満たされ、豊かになっていけば、それ以上何もいらなくなります。

才能やスキルのある人は、それを使って、人の喜ぶことを積極的に行います。人の役に立つことで、生命がさらにいきいきと輝きます。何の不安もありません。まわりに与え続ける生き方をしていると、困ったときは必ず誰かが助けてくれるのです。

今にいる幸せを感じる

老後は暮らしが立ち行くのか？　みじめな思いをしないだろうか……。

こうした先々の心配をする人は、カルマや遺伝子がそうさせているのです。前項でも紹介しましたが、カルマを浄めれば自然と不安もなくなります。まずは神を信じます。心と体に感謝します。そしてヒマラヤの叡智に触れて、瞑想を行います。瞑想で神につながり、内側を浄化し、智慧と愛を汲み出し、生命力を満たします。また、瞑想を続けることで心配が消え去っていきます。

そして、気づきを深め、尊い生き方をします。私たちはもともと、源である神から生まれて、そこへ還っていくのです。人々に無償の愛を与えていきます。親切にします。すべて神にまかせ、今、ここにいるということが大切です。

「今」から逃げて思考を巡らせていたり、エゴからの行為をしたりするのは、感覚と心の喜びのためです。それはすぐに変化して消え、忘れてしまいます。しかし、ヒマラヤの恩恵があれば、永遠に消えない喜びへ還っていけるのです。

生きていくためには、現実的な悩みは尽きないでしょう。だからこそ、ヒマラヤの瞑想で少しでも楽になっていただきたいのです。

もし不安が心をよぎったら、瞑想します。永遠の存在に感謝してください。そうすれば不安はたちどころに消えていきます。今にいます。

年をとらない秘訣は、
否定的な思いを捨てることです。
きれいでいる秘訣は、
心を浄めて輝かせることです。

老いは豊かさも秘めている

人間は誰でも年をとります。老いれば体力が落ち、見た目の若さもなくなり、物忘れもひどくなります。社会的な風潮として、現在はこうしたマイナス面ばかりを取り上げ、老いへの嫌悪や恐怖をあおっている気がします。

しかし、人生経験が豊かで、智慧もあり、人としての奥行きをもっているのも高齢者です。豊かさを内に秘めたジェネレーションといえるかもしれません。智慧の存在として皆に平等に接し、慕われていく存在です。老いることは、けっして悲観すべきものではないのです。

老いない秘訣、死ぬまで若くいられる方法をご紹介します。ただし、メイクのしかたや健康食品、若返りの運動法ではありません。それはヒマラヤの恩恵につながることです。瞑想をして修行することで、変わらない若さが保てるのです。すでに古希を過ぎた私がその一例です。ですからこの項では一般的なことではなく、ヒマラヤの教えをいただくことを前提にお話をさせてください。老いに歯止めをかけるには、私にはその方法しか見当たらないからです。

さらに、修行を始めるには50歳を超えた人たちが恵まれていることも、おすすめする理由です。ヒマラヤの聖者は、一般社会の外で修行しています。より求道に専念するためです。ところが一般の人たちには、仕事や日々の暮らしで心（マインド）が忙しく、修行にあてる時間にも限りがあります。その点、時間に余裕の出てくる世代は、仕事や家族のことを忘れ、じっくり瞑想にひたることができます。

ヒマラヤの恩恵が加齢をストップさせる

よく年をとると見た目が汚くなる、と嫌悪する人がいますが、修行をするととてもきれいになります。それは神につながって生命力が湧き、迷いがなく内側から力強さが出るからです。そして瞑想で内面が磨かれ、浄められ、心が純粋になって輝いていくからです。そこから発せられる波動が慈愛であり、皆さんが慕う波動になっているのです。私のセミナーでもよく目にする光景です。

潜在能力が開かれて智慧も湧いてきますから、若い人の相談に乗ってあげたり、心に残るようなアドバイスをしてあげたりすることもできます。この人と一緒にいると安心する、そこにいてくれるだけでホッとする、そんなオーラを放つようになります。

ここ数年はアンチエイジングがもてはやされています。化粧品、食品、健康法やトレーニングもあります。若さを保つために頑張っています。

ヒマラヤの瞑想には真のアンチエイジングのパワーがあります。

見えないところの浄化を根本からしていきます。心が平和になり、無駄にリアクションしないで、常に無心と宇宙的愛をもって行動できるようになります。ストレスを受け取らず、エネルギーを消耗せず、純粋な体と心になり意識の高いエネルギーになるので、年をとらなくなるのです。たとえば会社が倒産したり、離婚したりすることがあって、大変な心労を感じると急に老け込んでしまいます。あれこれ心配してマインドが忙しく動き回ることで、急激に生命エネルギーを消耗するからです。自覚はなくても、日々小さなストレスや心をつかうことで消耗し老け込んでいるのです。

しかし、瞑想して永遠の存在につながると、マインドを超えて聖なる波動とともにあり、時間の流れがゆっくりになり、年をとりにくくなります。自然とアンチエイジングになるのです。

私はサマディを体験し、死を超えました。その体験は時間がなくなり、空間を超えて永遠の存在と一体になり、永遠の今にある状態です。そして私は、そこからの宇宙的愛をシェアするディクシャを伝授して、皆さんを本当の自分につなげ若返らせています。真のアンチエイジングになり、希望が湧き、愛が湧き、すべては学びとなり、不安がなくなり、年をとるのが楽しみになることでしょう。

エネルギーをコントロールできれば若返る

ここからは、エネルギーを自在にコントロールして、若さをキープするしくみについてお話しします。

私たちの体内には7万2000におよぶエネルギーの道があります。その中に、三つの大事なエネルギーの道があります。背骨の右側（陽、ピンガラ）と左側（陰、イダー）にある道です。そしてスシュムナーと呼ばれる背骨の真ん中の道です。

人は右と左のエネルギーが交互にはたらいて生きています。右のエネルギーは天から地に向かって、左のエネルギーは地から天に向かって流れます。宇宙の原理のように左右交互にプラスとマイナスを切り替えながら、エネルギーを通しているのです。

その左右のバランスがとれたとき、そのエネルギーの調和状態を維持できれば、心身ともに快調で、しかも若さを保てるのです。

しかし多くの人は、**否定的に心（マインド）を使うことでエネルギーが漏れ、左右のバランスも崩れて、生命力をどんどん落としています**。これが体調を崩したり、老けてしまう原因となります。

ヒマラヤの聖者は、どのエネルギーが一番漏れているのか、心身とエネルギーのレベルでのアンバランスの原因を探り、その漏れを改善する秘法を与えます。体と心と魂の科学をよく知っているのです。そして心と体とエネルギーと意識をコントロールして、さらに祝福で癒やしていきます。修行で気づき、意識を進化させて、健康や若さ、美しさが維持されます。

サマディに入るのは究極の再生です。神と一体になって生まれ変わるのです。私のところの合宿では、深い瞑想を体験して、1週間で20歳くらい若くなります。

生きているうちに心と体を浄め、
悪い記憶を消しておきます。
それはよい死に方をするための修行です。

悪い記憶は重いエネルギーをつくる

死を身近に感じることもあるでしょう。親や身内、友人や知人にも、少しずつ亡くなる人が増えてきます。そうすると「ああ、自分もいつか死ぬのだな」と実感させられます。同時に、死について考える機会が与えられます。

死は逃れられません。素直に受け入れることです。そして死を見つめながら「自分は何のために生まれてきたのか？」と自問してみてください。答えを見つけるのは簡単ではありません。そんなときは「体と心を使い欲望を満たすだけで終わっていないか？」と問いを変えてみてください。多くの人がほかにやるべきことがある、と気づくはずです。

死ぬことですべてが終わるわけではありません。

あなたの魂は永遠の存在です。肉体という衣を脱いで、カルマの質の波動の世界に向かいます。そしてまたカルマが欲すれば、この世界に再び生まれ変わります。そうやって輪廻転生《りんねてんしょう》していくのです。

生きている間に本当の自分に出会っておくと、魂が安らぐところに導かれます。だからこそ、生前に神につながり信頼を深める修行をします。そして、心を浄めて**心を超えていく**のがよいのです。私たちには肉体とは別に、**アストラル体という心の家があります。その中心に魂があります。**そこに今までの行為と体験したことのすべてが、カルマとなって記憶されています。その記憶が悪いものばかりだとエネルギーが重くなり、死んでから重い世界、つまり地獄へ落ちていきます。

また、悪いことをすると、なかなか生まれ変われないといいます。その意味でも生きている間によい思いをもち、よい行いをし、魂を浄めておいたほうがいいでしょう。

よい死に方をするために修行する

私たちが生まれてきたのは修行をするためです。

生きてこの心と体がなければ、修行はできません。生あるうちに心を純粋にして、浄めていきます。そうすれば死んでから天国へ行けるのです。私たちはよい死に方をするために、善行をして、よい思いをもち、瞑想をして心を浄めていきます。

そうすることで死への恐怖もなくなります。

最期を迎えることは神とつながって、神の元へ還るわけですから、生きているうちに神につながれば、何も恐れることがなくなります。マインドに引っ張られていると怖いわけですが、瞑想を深めてマインドを浄化し、マインドを超えて、本当の自分と一体になっていきます。

修行をすることは自分のためばかりではありません。

心が浄められることであなたのご先祖様も、あなたのまわりの人たちも浄められ、幸せになります。神の恩恵が波紋のように広がっていくのです。

インドの人たちは、神の存在を信じて、いつか神に出会いたいと思っています。それを実現するために修行したり、信仰をします。神というのは本当の自分なのです。死んで肉体は朽ちても魂は残ります。そこには過去の記憶も生きています。最後に残るものが本当の自分です。

本当の自分、さらには大いなる存在に出会っていくことで、永遠の命やパワー、智慧、愛をいただき人生を豊かなものにできるのです。

未来に不安がある人は、今をよくします。
今がよければ未来も必ずよくなります。

過去も未来も心がつくっているもの

毎日の暮らしも仕事も同じことの繰り返し。あるいはもうすべてやり尽くして、やることがないという人もいると思います。この先は何を生きがいに生きていこうか、何をするべきなのか。

変化のない日々を送っていると先行きに不安を感じ、自分を見失いがちです。ある年齢以上になると、このような漠然とした焦りと不安を誰もが一度は感じるかもしれません。

私たちは皆、見えないすべてをつくり出す源の存在、神から送られてきた存在なのです。それは一度ではなく、何度も何度も、何万年にもわたって再生を繰り返してきました。魂の壮大なる歴史です。私たちの体は30兆個以上の細胞で成り立ち、それぞれがはたらきをこなしながら進化をしてきました。

これだけを見ても、私たちは神秘の力をいただき、生かされているのがわかります。神の不思議な力の集合体です。将来を前にして自分の立ち位置に悩むことなど、ちっぽけで情けなくなりませんか。そのことに気づいていただきたいのです。

今がよければ未来は必ずよくなります。**今をよくするために、今この瞬間を意識してください**。思い悩んでいる暇はありません。まず目の前のこと、今日一日を精一杯生き抜きましょう。

そして未来へ向けてさらに進化して、愛の人になり、平和な人になっていきます。ヒマラヤの瞑想で今まで積んできたカルマを浄めて、神聖な人に生まれ変わっていくのです。そういう生き方をしていけばいいのです。未来に対して希望をもちながら、まわりの人たちと調和をはかっていきましょう。

あなたは「時間」の中に生きています。心というのは時間で、過去、現在、未来と心が変化するから年もとります。しかし、瞑想で心を超えると、**時間がなくなるので年をとりません**。

過去も未来もない、今このときだけの境地をあなたも味わえるのです。

第5章

ヒマラヤ瞑想のすすめ

瞑想の目的

源につながり、
源の祝福で心が空っぽになる。それが瞑想です。
聖なるひとときが
あなたを浄め、磨き、輝かせます。

真理を知ることが瞑想の目的

瞑想というと、一般的には目を閉じて健康や精神統一のためにするもの、と思われる向きもあります。

ヒマラヤの瞑想も健康や集中力が増し、よりよい生き方にするものですが、それ以上にもっと根源的な幸せをもたらすものです。

もともと瞑想は、ヒマラヤ秘教の聖者たちによって発見された修行法のひとつです。その目的は「真理を知っていくこと」。いかに生きるかを追究して、自分の意識、人格を高めていくことです。自分は「何のために生まれてきたのか」「何のために生きているのか」「どこから生まれてきたのか」、**人間とすべてをつくり出す源の存在、神との本来のつながりを実感して生まれ変わるための修行法です**。

さらに瞑想には、生き方と運命を決めている、過去生から積み重ねられたカルマを浄化して、心を空っぽにして運命を変えるはたらきがあります。「私」にこだわるエゴを浄化して本当の自分、神聖な自分になれるのです。そのことを「意識を高める」といいます。品格を伴った意識です。

カルマを浄化して変容するヒマラヤ秘教のプログラムを「アヌグラハ　サマディプログラム」といいます。私のサマディからの智慧によって生まれた、生きた智慧のプログラムです。あなたを源の存在につなげ、安全に最速でカルマを浄め、変容を起こしていきます。成功を得るプログラム、悟りのためのプログラムです。人間の意識を進化させ、苦しみを取り除き、才能を開発します。また最高の健康法、美容法になるプログラムです。

このプログラムで神である本当の自分に出会っていきます。すべての願いがかなえられていきます。そのためにまず、あなたは神とつながることです。

修行の段階に応じた瞑想がある

ヒマラヤの瞑想には、段階を追った瞑想があります。ヒマラヤ秘教は、アヌグラハ（至上の存在の恩恵）、つまり神の恩寵がいただけるのが特徴です。マスターから祝福を受けることで、最速で変容し、瞑想が起きる体質になっていきます。また生涯、信頼によって祝福がいただけるのです。生命エネルギーを扱う重要な修行を「クリヤ秘法瞑想」といいます。それは、真の呼吸秘法でカルマを深く浄化して空になっていく瞑想です。

また、「クリパディクシャ瞑想」は、高次元のエネルギーの伝授で深いカルマを浄めワンネス（神と一体）に導きます。「ドラスタバワ」は意識を進化させ、心を見てそれを浄化し本当の自分になっていく、気づきの瞑想です。

これらの瞑想は、マスターからのアヌグラハ（神の恩寵）が注がれて正しくガイドされていきます。あなたの問題点をよくしたり、ワークを通して気づいたり、過去生までさかのぼり、すべてに光を当てていきます。とくにあなたのキャラクターや価値観に影響を与え、心の葛藤をもちやすい父親、母親との関係を浄化し、生まれ変わります。

ヒマラヤの教えは、命の科学、心の科学、体の科学を知り尽くしたシッダーマスターからの導きがあるので、最速で、合理的に、安全に悟りへの道が歩めます。世界にふたりだけのシッダーマスターから、アヌグラハをいただくこと自体、奇跡に近いことです。マスターから瞑想秘法とディクシャをいただけば、生涯祝福がいただけ、守られて生きていくことができます。

瞑想の効果は、単なるリラックスではなく、細胞の質が変容し、高次元のエネルギーと一体になる、かつてない安らぎで満たされる感覚です。そして自分が最高の人間に変容していきます。

人は本当の自分を知らず、ずっと無知で生きています。ただ衣食住のために働いているのです。本質につながり、愛につながり、自分やまわりに愛をもって生きる。そうしたキャラクターへの進化を、これからの生き方にしたいものです。

成長から成熟をめざす

お酒の熟成とヒマラヤの瞑想は似ています。それは**変容する**という点です。

多くの宗教はよいことを教えているのですが、なぜ戦争が起きるのでしょう。それらの宗教が真理から生まれたのではなく、人の心から生まれた宗教だからです。お互いに譲れない教えの違いがあり、数々の宗教戦争という過ちが起きました。

いっぽうヒマラヤの教えは、潜在意識が変容して、こだわりが取り除かれ空っぽになり、平和になります。心のうわべだけではない、本質の変容、再生をもたらします。

私たちの心は、タマスというエネルギーで濁っています。そこにはさまざまな経験や思い、つまりカルマが形となって蓄積されています。それが瞑想をしていくことでタマスのクオリティが溶け、やがて心は純粋なサットバという性質になっていきます。

お酒も発酵したどぶろくの状態は白濁していますが、そこへ酵母や菌を加え、時間をかけて熟成することで、上澄みが落ちてクリアになります。これと同じことがヒマラヤの瞑想にもいえます。

私たちは高次元の存在の波動や瞑想の波動を浴びることで、濁りが消え、不純から純粋へ変容するわけです。ただし、お酒の熟成に一定の時間がかかるように、全体が変わっていくにはある程度時間を見たほうがいいのです。始めてすぐに結果が出ることもありますが、コツコツと続けるうちに変容が進んでいきます。

若いうちは自分を「成長」させることが大切でした。心も体も育ち盛りだからです。しかし、これからは「成熟」をめざしましょう。これまでの経験や智慧をベースにして、内面を充実させていくのです。

ヒマラヤ瞑想は
体と意識に革命を起こします。
すべてが入れ替わるほどの
変容をもたらします。

瞑想は大きな安心を届けてくれる

ヒマラヤの瞑想にはいろいろな効能がありますが、サマディマスターが橋となり、最速で内側の根底からの浄化と変容が楽にできること、究極の悟りへの実践法であることが大きいでしょう。高次元の存在とつながった瞑想はエゴを排除して、安定してエネルギーのバランスがとれ、ひとつに調和することでワンネス（神と一体）となり、粗雑なエネルギーが消えて平和な気持ちになります。

瞑想の後は、波立っていた心が凪《な》ぎのようになって、静かで穏やかな心境になります。何が起きてもそれを見守ることができ、「大丈夫」と安心して冷静に対応できます。今ここにいることが意識できるのです。

ゆるぎない自信が生まれて平和な心でいると、悪いことも起きません。悪いものや悪い現象は、心配の心が引き寄せるものです。自分で招いているのです。

瞑想を続けると、源の高次元のエネルギーに低いエネルギーが溶け、体の不調や病気も治ります。これは生命エネルギーが満ちて、治すほうに回されるからです。

筋肉の緊張がほどけ、生理機能がよくなり、体調が改善されて、すべてがうまく回り出すので疲れないようにもなります。

私は皆さんに瞑想ばかりでなく、人間のもつすべての問題の解決をガイドしています。心と体のケアを伝えています。整体やヨガの体操、ムーブメントでもバランスをとります。体の前後、左右のバランスが整いやすくなり、心の緊張までほぐれたり、こだわりや執着が溶けて消えていきます。こうして体への気づきも深め、バランスをとることを学びます。総合的に心身魂のバランスを取り、より豊かな人になります。

潜在能力が目覚め、100%の能力が発揮できる

私たちの中には潜在意識があり、そこには過去生と今生の記憶があります。瞑想で浄められ、心が浄化され整理されて、やがて空っぽにもなり正しく機能します。

瞑想により潜在能力が目覚め、恐れや先入観、心にブレーキをかけているものがはずれて、いろいろなことができるようになり、潜在能力が開発されます。

「面倒くさい」「もう年だから無理」などと、心のバリアがありますが、瞑想でそれがとれ目の前のことに全力投球できるようになります。話す力、書く力、歌う力、考

える力、表現力、さまざまな能力が100%発揮されるのです。

そして、精神を統一して**「対象と一体」**になる。それを**「三昧《さんまい》＝サマディ」**といいます。たとえば何かするとき、勉強なら「勉強しきる」という没我状態になります。するとどんどんアイデアが湧いて、集中力が出ます。好きな気持ちで無心で行うことができ、才能が開花していきます。何かの力に動かされているような感覚、この状態を三昧というのです。

瞑想から向かう究極のサマディは体のサマディ、心のサマディと段階があります。それを超え、死を超えて、真の自己になり、さらに神と一体になるのが究極のサマディです。ア・サンプラガティサマディといいます。究極の意識になります。

さて、瞑想は人間関係も円滑にします。瞑想で心が解き放たれると、思いやりの気持ちが生まれ、調和がとれるのです。

瞑想のパワーには愛と深い智慧、そして生命力と持続力があります。ただ知識や頑張りだけでは、疲れてしまいます。

エゴではなく、愛をもってナチュラルに行動できるからこそ、嫉妬も受けず、足も引っ張られず、まわりから理解され、助けられる人になるのです。

聖なる音の波動は
邪悪なものを寄せつけません。
一生消えることのないお守りです。

聖なる音の波動は神と魂に共鳴する

聖なる音の波動のマントラは仏教で「真言《しんごん》」といわれるもので、悟りの境地に達することを促す、聖なる波動（バイブレーション）をもった言葉（音）です。

神とひとつになると、心を超えた状態の意識、真理を体験するのです。そこで悟りが起きます。心も体も消えて、それらの不調も消えます。奇跡を起こす状態です。マントラの波動は、そこに導くものです。マントラは神につながるエネルギーです。ヒマラヤの聖者が唱えてきた純粋な波動なのです。

マントラで神につながります。自分の奥深くにある魂につながっていきます。そのパワーをいただくことで、さまざまな心のストレスがとれ、思考が浄化されて、充電され、限りないエネルギーが湧いてきます。

マントラにもさまざまな種類があり、それぞれに波動が異なります。脳力アップをしたい人には、智慧のエネルギーのセンターを活性化させるマントラがあり、ビジネスの成功を願う人には、クリエイティブな力が湧くマントラや、富が集まるマントラもあります。このほかにも病気を治すマントラ、カルマを浄めるマントラ、外から守りをいただくマントラ、健康になるマントラ、災いをとるマントラなどがあります。目的や願い、環境や状況によって、マスターが授けるマントラが異なります。

マントラは原子力のような力をもっています。その**波動は体内のエネルギーのセンターに深く入り込み、カルマを浄化して、創造の源である神に到達します**。まず神につながることで願いがかなえられたり、状況が好転したりということが起きるのです。

マントラはお守りにもなる

マントラは、ある小さなフレーズです。それは一人ひとり異なり、声に出すことも、他人に教えることも禁じられています。エネルギーが漏れてしまうからです。

いただいたマントラは、瞑想をしながら心の中で念じてその波動を広げていきます。それは水面に投げた石が波紋を広げるように、体の中に広がっていき、苦しみが溶けていきます。根源の音でカルマを溶かすのです。

マントラの波動と一体になることで、思いにつながらず、否定的なものを引き寄せないようになります。それは神のエネルギーで内側が満たされるからです。あなたのまわりをオーラのように覆い、マントラがバリアのような役割をします。あなたの心を災いから守ってくれます。

瞑想の時間以外でも何か困ったとき、危険を感じたとき、不安なときなどに、マントラにつながると、大きな災いにならずにすむことがあります。マントラはお守りのような存在でもあるのです。また死に際して、あなたは天国に向かうことができますので、マントラをもって修行しておくとよいのです。

また、いつも心配や不安があったり、さまざまなものごとに執着をもっている人は、たくさんのエネルギーを浪費しています。「心配するのはやめよう」と思うほど、今度は「やめよう、やめよう」という考えにとらわれてしまいます。そんなときもマントラにつながると、心配ごとや執着を心からスッと切り離せます。そして静かな時間がおとずれ、ゆったりとリラックスできます。

マントラは常にサマディマスターから直接に正しい方法で伝授を受け、その指導のもとで正しく使う必要があります。マントラが誤っていると、それは人を破壊する力もあります。内側を操作するので危険が伴うこともあるのです。本などで自分でマントラを選んだりしてもパワーがありません。そして、マスターの存在と神は一体です。マスターとつながることは、神とつながっていることにもなります。マントラはあなたと神をつなぐホットラインなのです。

マントラをいただいたら、あとはおまかせする

マントラで瞑想を行い、心を浄化します。そして皆の幸せを祈り、生かされていることに感謝していきます。するとよい波動が体から出るようになり、どこに行っても愛される人になります。

すべての人の中に神を見て、相手を尊敬します。それは取り繕った善人ではなく、自然に魅力のある人です。もし年をとってどこかの施設や病院に入っても、この瞑想があれば、皆から好かれる人でいられます。

年をとれば、皆の迷惑になるかもしれません。今からよい波動になり、気づきを育みます。謙虚になり、かつ感謝できる人になるといいのです。

これが心（マインド）のレベルだと、よい人になろうと演技することになり、疲れます。あれこれ気をつかい過ぎて、神経もすり減り、エネルギーも消耗します。自己防衛のために、「私」を前面に出して嫌われてしまうのも、マインドのせいです。私はお金がある、学歴がある、知識がある……とひけらかすのも、自分が優位に立ちたい、というエゴがさせるのです。自分勝手な思いを、よい波動は抑えてくれます。

マントラで神につながれば、あれこれ考えなくてすみます。あとはすべて神におまかせしておけばいいのです。マントラ瞑想の実践が進むと、やがて粗い波動からエネルギーが浄まった細やかな波動へと変わっていきます。そうすれば心にもゆとりが出て、ますますよい波動に包まれる**「幸せの好循環」**へ入っていくことができます。

なおマントラは基本の修行であり、さらに浄化を最速ですすめるのに、クリヤというエネルギーの修行があります。プラーナを強め、火のエネルギーを起こして、カルマを焼いてすみやかに変容をもたらします。そのほかにも、アヌグラハという神の恩寵で安全にあなたを素晴らしい人に変容させる各種秘法瞑想プログラムがあります。

本当の自分に出会う旅。
そこに何が見えるのか、あなたも自分に
会いに行きませんか。

神は遠くではなく自分の中にある

神はそこらじゅうに存在しています。古来、人はそれを仰ぎ見て信仰してきました。インドでは見えない偉大なエネルギーを象徴する神像をつくり、それを信仰の対象にしました。神像に会いに行きお参りします。そのうえで正しい行為をする、道徳的な教えや戒律を守ればお恵みがあると多くの宗教が教えています。

ところがヒマラヤの恩恵は、神さまは遠いところにあるのではなく、「自分の中に、あなたの中にあります」と教えています。壮大なる宇宙のミニチュアが、私たちの中にあると説いているのです。

その小さな宇宙を学びとして、道具として修行をすることで、**自分の中に小宇宙を維持している神がいる**ことに気づきます。その神に出会っていきましょう、そして本当の自分を知りましょう、というのがヒマラヤの教えなのです。

自分の中に神があり、その神に出会うのです。これをダルシャンといいます。神と一体になり、神我一如《しんがいちにょ》になることで真理を悟るのです。そのために体を浄め、心を浄めて、自分の中に入っていくのです。

ヒマラヤ秘教は思い込みではなく実践の教え

私は長い年月をかけてヒマラヤで修行しましたが、あなたがそうした縁にあってそれを実践していくというのは、現実問題として難しいと思っています。ましてサマディという悟りの境地へ到達するには、長い時間と類いまれなカルマも必要です。

ですからヒマラヤ聖者であるシッダーマスターの導きで、自分を変容させるのが安全で近道なのです。

内側を浄めるということは、全身を手術するようなものです。内臓を洗い、脳を洗い、心も洗って、すべてを浄めたら体に戻して皮膚を縫い合わせ、元どおりにしておくのです。こうして過去生からのカルマを全部浄めるわけです。カルマをすべて浄めるのは、普通は気の遠くなるような時間、それこそ何生も何生もかかります。こうして心身に染みついたカルマを掃除すること自体、誰もできません。

多くの宗教は、経典などを繰り返し読み、思い込んでそれを生き方に生かすようです。それは自己啓発本と同じかもしれません。書いてあることを実践すると、一時的に表面的な変化がありますが、根本は変わらないわけです。

ヒマラヤの教えはそうしたうわべだけではなく、神につながらせてくれるディクシャを受けて、聖なる音の波動のマントラを体に植えつけてもらいます。思い込みではなく、カルマを浄化して真理を知っていく実践の教えです。また、サマディに達した生きたマスターの祝福で幸せになれることも特別なのです。

知識と実践の修行で内側を高めていく

私たちは他人と競い合ったり、人にあって自分にないものを欲しがったり、失うことを恐れたりと、常に恐れの中に生きています。そしてただ衣食住を獲得するのみの人生になってしまっています。人は「苦しむために生まれてきたのか」「何のために生まれてきたのか」と考えてしまいます。

私たちはこの世界にどうして生きているのでしょうか。

それは本当の自分に会うためです。**本当の自分に還る**ためです。そのためにこの心と体をどのように扱ったらいいのか、その答えを探しています。答えを知っているのがヒマラヤの聖者たちです。自分の内側を旅して内面を浄め、その源の存在に出会っていく修行をしたわけです。自然を尊敬し、自然とともに調和して生きる道を実践しています。

その修行には、いろいろな方法があります。

サマディからの言葉は、聖なる智慧です。その知識を理解する修行があります。あなたがどう生きていくかの教えです。サマディから生まれた教えを信頼します。ヒマラヤの声、神の声を聞くことです。そこでは私たちを生かしている見えない力、宇宙をつくり出した存在は何であるかを学びます。

そして実践の修行があります。どのように神に対したらいいのか、どう神に出会っていくか、どう純粋性を保つのか、その答えがあります。神を信頼し、神を愛し、おまかせするのです。エゴを落とし、神の意志に沿って生きるのです。本当の自分に出会い、人々の中にも神を見て尊敬します。そうした生き方を通して自分を浄め、瞑想を深める修行を行います。

瞑想を深めるためには、体を整え、生命エネルギーをとり込みます。マスターから真のプラーナヤーマ（呼吸法）の伝授を受け、純粋なものを食べます。この宇宙はエネルギーでできていますが、それを操作し、エネルギーをワンネスにしていきます。

瞑想をすると思考のしくみがわかる

こうして瞑想をしていくと、思考のしくみがわかってきます。

思考のもとをたどっていくと、記憶が何らかの刺激を受けて欲望が生まれ、それが行為となり、願いをかなえようとします。原因や因縁があって結果が生まれる、すべてがつながっていくわけです。それは因縁の法則、カルマの法則なのです。

結果が自分の運命をつくっていくのですから、よい運命にしていくには、よい原因をつくらないといけません。自分を変えるには、カルマを変えていくしかないのです。そのための瞑想でもあります。

さらに思考の源に戻っていきます。自分の過去生を見ていきます。瞑想で、現生に積み上げたカルマ、また過去生のカルマを見ていきます。

これはアヌグラハ サマディプログラムのワークや合宿で、両親あるいは人間関係、インナーチャイルド、過去生ワーク、死のワークという形で、積極的にすべてのカルマを浄化していきます。そして創造の源、本当の自分に戻って悟っていくのです。

修行を通してピュアな魂になっていく

実践の修行では、小宇宙を浄めていきます。この小宇宙は大宇宙の要素と同じものでできています。それをタマス（暗性）から、ラジャス（激性）、サットバ（純性）とクオリティを純粋にしていくのが悟りへの道です。

体の中に太陽があります。それは本当の自分です。源は光り輝いています。それが心の曇りに覆われていて見えなくなっています。また、心を体が覆い、包んでいます。心と体をそれぞれ浄めていくことで、心と体が純粋になっていき、意識が進化していきます。

あなたの内側にある小宇宙は、土、水、火、風、空の5つの元素でできています。そこに音の要素と光の要素を加え、それらに向かって精神を統一していきます。それらの要素も源に戻っていきます。そうしていく過程で、元素の力を自由に操れるようになるのです。**元素と一体になって結ばれていくわけです**。こうして自然界のパワーを、自分の中にとり入れる修行もあります。

たとえば、風の要素は心にも影響を与えます。風が強くなり、空の要素が多くなると、体が軽く意識も軽くなり、愛が育まれます。さらに理解力や信頼が増し、気づきが深まり、執着がはずれて自由な心になっていきます。

修行には社会の中で行うものもあります。

この社会は人間関係の世界です。自分勝手に生きるのではなく、お互いに助け合って生きていく社会がよいのです。とかく「世の中が悪い」とまわりのせいにしやすいのですが、自分が変わることで環境を変えていけるのです。自分から愛や信頼、尊敬を出していきます。そうすると相手からもよいものが返ってきます。

相手が喜ぶことをします。相手のエゴが喜ぶのではなく、相手の命が輝くことです。自分がよいカルマを積むことになります。このような社会の中での生き方が、修行になっていき、カルマが浄まるのです。

こうしてさまざまな修行をしていくことで強くかつ純粋になっていき、本当の自分を知っていく、悟りへと到達していきます。

マスターの存在

マスターは神とあなたをつなぐパイプ役です。
マスターとの信頼が深いほど、
神との絆も深まります。

神とつながると運がよくなる

ディクシャをはじめ、さまざまな秘法の伝授や瞑想をする際には、必ずマスターの導きと助けが必要です。

瞑想修行は見えないところを浄め、悟っていきます。サマディに達したマスターはどう悟りに達するかをよく知っています。その修行の途中にはたくさんのカルマがあり、安全に整え浄化していくためには体験の叡智が必要です。

自己流で瞑想をしていると、さまざまなカルマによって、敏感になったり、恐怖の世界に引き込まれ、金縛りや幻想が起こることがあります。行く道に何が潜んでいるかわかりません。ですからマスターをガイドとして、安全にすみやかに行うことが賢明です。心（マインド）を信じるのではなくマスターと神を信じることが、絶対条件となるのはそのためです。

趣味や習いごとで教室へ通うときも、専門の先生から知識やノウハウを教えてもらいますね。ヒマラヤ秘教の修行もそれと同じように考えてください。ヒマラヤ聖者は、心身を浄化しそれを超えて、神と一体になり真理を知った存在です。

マスターにつながりディクシャをいただきます。ディクシャとはエネルギー伝授であり、シャクティパットというマスターのタッチによる高次元のエネルギーの伝授を行います。それによって、深いところから浄められます。

「マスターを信頼し、神を信頼し、本当の自分を信頼する」。幸せの信頼関係がひとつの線で結ばれるわけです。するといつも中心にいることができるのです。そして神のパワーをいただくことができ「自分を愛し、マスターを愛し、神を愛すること」が容易になり、安心で心地よい境地を味わうこともできます。

この愛は癒やしになり、パワーにもなります。神やマスターとつながることで、仕事がもっとできるようになったり、運がよくなるのはそのためです。

「浄める＋信じる」で神のパワーがいただける

神につながり心身を浄めることは大切ですが、しかし、それだけでは不足しているのです。そこに「信じる」という信頼関係がプラスされることが必要なのです。

あなたの内側を浄め過ぎたり、浄めただけの状況は、ある意味で無菌状態です。純粋過ぎて汚れたものや病原菌も、全部取り込んでしまいます。乾いたスポンジが水を吸い込むようなものです。**ピュアはいいことですが、だからこそ、何かにつかまる必要があります。**

神につながって、意識を引き上げ、低いレベルから離れ、正しい判断によって、これは選択しなくていいとか、振り分けないといけません。だからこそ、神やマスターを信じないと、修行は一歩も進まないのです。不安でできないわけです。自分ひとりでは確信がもてないので「本当に大丈夫かな」とか「暗闇に入っても光が見えるのかしら」と、潜在意識の中が混沌とします。しかし、強い信頼関係があれば「この先に光がある」と信じて暗闇を抜けていけるのです。そう信じないと怖くて進めないでしょう。

マスターの導きに従い、この先に神がいる、ということを信じていくのです。

そこではじめて、そこには本当の自分があり、永遠の命をいただいて、変化しない喜びの世界があることを確信できるのです。

ヒマラヤの恩恵を受けること。
神からの祝福を浴びる
晴れの舞台でもあります。

悪いカルマを切る

ヒマラヤの恩恵をいただくには、ディクシャという儀式を通して、マスターから瞑想秘法の聖なる音の波動（マントラ）の伝授をいただきます。ディクシャにもさまざまな種類があり、最初に受けるのが基本となるシッダーディクシャです。

サマディに達したマスターのエネルギーは純粋であり、神と一体になった高次元のエネルギーです。人を変容させる力があります。人間を含めたすべての生きものは、生命の源、神のパワーで生かされています。しかし人間の場合は、心が源を覆い、つながりが希薄になっているのです。ディクシャを受けることで源とつながります。

また、シッダーマスターは、その存在自体、さらに発する言葉や目から放たれる波動までもが祝福なのです。その純粋なエネルギーをシャクティパットでいただくことで、すみやかに内側のカルマが浄められ、整理整頓され、変容が進み、深い安らぎが得られます。

ディクシャで授けられる聖なる波動は、悪いものが寄ってこないようにバリアを張り、よいエネルギーで守ってくれます。

はじめてディクシャを受けたあとは、いただいた聖なる波動を瞑想で内側に育んでいきます。これを聖なる音の秘法の瞑想「サマディ瞑想」といいます。瞑想を毎日の日課として、朝と晩に決められた時間行います。

マントラの瞑想で生じた純粋な波動は一日中続いて、あなたを変えていきます。とてもシンプルで、誰にでもできるやさしい瞑想です。

秘法の伝授は状況を見ながら順次行われる

世の中にはいろいろな宗教やスピリチュアルな教えがあります。それらは表面的、部分的な癒やしや、心に思い込ませるものが多く、一時的に変わっても元に戻ったり頑固になったりするのは、心のはたらきのレベルなのです。それに比べてヒマラヤ秘教は根本からの変容であり、真に幸せになる道です。

まずカルマが浄められ、バリアがなくなった平和の深いところに、口伝で、直接に生きたマスターによって秘法が伝えられます。マスターは、ディクシャで魂（神）につなげる橋になります。強い信頼で集中することで、神の祝福が引き出されます。その信頼によって受ける祝福は、生きることを楽にして成功をもたらします。

こうした秘法は、その人が悪いことに使わない、誠実であり嘘を言わない、人を傷つけない、マスターを非難しない、などの約束のもと伝授します。

マスターからの伝授は、たくさんのエネルギーを授けようとしても、受け手に信頼の準備ができていないと受け取れません。小さなコップにたくさんの水を注いでもこぼれてしまうのと同じです。ですから、1回ですべてが変容するわけではありません。

マスターがその人のキャパシティに合わせ、段階的に行います。スポーツにレベルがあるように、秘法の伝授や修行にも踏むべきステップがあるのです。継続して修行をすることで、カルマがよく浄化され、DNAも変えるほどの変容が起きるのです。

その後は希望すれば、さらなる上級ディクシャによる秘法を受けることもできます。上級ディクシャには、成功をもたらす瞑想秘法のマントラ、病気を治す瞑想秘法のマントラ、そのほか、学力を伸ばす瞑想秘法のマントラなどがあります。このほかにもサンスカーラディクシャ、サンカルパディクシャなど多くの秘法があります。それらは才能を発揮させ、体と心を浄化し、魂を目覚めさせます。

人に気をつかうのは自分を守るためです。
人に愛をつかうのは自分を放つためです。
これからは気をつかわず、愛をつかいます。

暮らしの中に祈りと瞑想の時間をとる

この章ではここまで、ヒマラヤの教えについていろいろと紹介してきました。その名をはじめて耳にしたあなたにも、その輪郭くらいはつかんでいただけたと思います。

私は世界の平和のために、人類の平安と安寧のために、こうしてヒマラヤの教えを世界へ向けて発信しています。ディクシャを通して皆さんを本当の自分につなげて、サマディパワーで浄め、各種瞑想の秘法を伝授しています。

人の意識を高め、人類が成長し、地球にやさしく、調和のとれる世界がつくられることを祈っています。修行を志す人が少しでも増え、今までの人生では味わえなかった体験をしていただき、自分の中に神秘の力、神の力があることに気づいていただきたいのです。

「まだまだわからない世界がある」「こんな安らぎがあったのか」と、さまざまな初体験の感動を味わっていただきたいのです。そのためのディクシャであり、マントラであり、瞑想なのです。

現代はとくにエネルギーが混沌としています。ひとりでも多くの人が内側に目覚め、よいエネルギーを蓄積して、悪いエネルギーを跳ね返すパワーを出せるようにしたいと思っています。それが集合意識となれば世界が変わるからです。自分を浄化することは、世界をよくすることにつながっています。

今までは心の欲望につながり、不安につながり、心配につながり、競争意識につながり、ジェラシーにつながり、心のはたらきに翻弄されていました。これからはまったく逆の生き方、**心ではなく魂が喜ぶことをしていくのです**。そうすれば毎日が根づいたように安定し、豊かな気分にもなれると思います。

そんな生き方が心地よければ、そこからさらに、真理に出会う毎日を続ければいいのです。心と体とまわりの皆さんに感謝して、自分を愛していきます。暮らしに祈りを取り入れ、瞑想を取り入れ、行為を浄めていきます。

ヒマラヤの教えを実践しながらも、生きるためには仕事もしなければなりません。しかし、神につながった人は仕事への集中力も出ますし、智慧も湧いてきます。ですから瞑想によって豊かな生き方ができるうえ、社会的にも豊かになり、精神的にも成熟していきます。

深いところから自分が変わっていく

しかし、現実には忙しい人ばかりですから、修行を始めるのが面倒だったり、どんなことをするのか不安で、二の足を踏んでいるのかもしれません。

あなたは失うものはありません。「本当のあなたを愛しなさい」「今のままでいいのですよ」「自分を信じなさい」と言っています。

あなたがお稽古ごとや趣味を始めるときも、最初から苦労なしで上達できる方法などありません。まずは先生を信頼してお稽古を始めるでしょう。そうしてそれぞれ技術や体力がついてはじめて次のステップを習得できます。

修行も同じです。たとえば、起業して結果が出るまでには10年といわれます。もし、あなたが修行を10年行えば、深いところから何かが変わります。継続が大切です。あなたが悟るため、最高の人間になるための道です。過去生からずっとそれをめざし、何万年もかかっているのです。それをすぐにすべてをよくするというのは、無理な話です。本来自分のカルマは自分で責任をとらなければなりません。自業自得なのです。

しかしヒマラヤの恩恵で、内側から変われる奇跡があります。まず信頼します。そして最初にディクシャというエネルギー伝授でカルマを浄め、生まれ変わっていきます。そしてそのいいエネルギーにつながり、安全に毎日の修行をします。最初は気軽に瞑想を体験していただきたいのです。そして自分の内側を見つめ、浄化して、そしてまた社会生活に戻ります。よいエネルギーになって、パワーアップして、どんどん本質の人になっていけるのです。

本質の人とは、神聖さを目覚めさせた人です。言動や行為、思考の調和（バランス）がとれて、そこに愛があふれている人です。智慧とパワーとが満ちています。

本当に必要なものがわかる

ヒマラヤの修行は本来、苦行です。しかし、あなたには長く続けていただくことが何よりなので、普通の生活をしながらでも継続でき、しかも、いろいろな気分転換を取り入れ、飽きさせないような工夫もしています。

ヒマラヤの恩恵をいただき成長をしていきます。よい社会をつくるために、よいことに心を使っていくように意識するのです。与えたり、感謝したり、理解したり……。そうやって気づき、自分を変えて覚醒していきます。

今までは無知で生きてきて、自分とまわりを比べていました。比較して優越感を感じたり、人を蔑《さげす》んだり、ジェラシーを感じたりしました。そうやって比較をしていると、心が乱れて苦しくなると思います。そして今にいられなくなります。

しかし、神につながれば、心を今にとどめられます。比較の対象ではなく、愛をもって、相手を生かすような思いやりのある心を育てましょう。

私はあなたに心の楽しみとか、感覚の喜びを届けたいのではありません。ものや、感覚に依存して楽しんでいますが、それは一時のことです。あまりにも多くの人が真理ではないものに依存し、これがないと生きられないというものをたくさんもっています。お金や肩書き、職業、家、スマートフォン……。

大いに楽しんで生きていただいてよいのですが、刹那的なものや変化するものではなく、もっと本質のものにつながり、本質に出会い、あなたを深いところから潤してもらいたいのです。

見えない存在から命の力、智慧、愛をいただければもっと輝いて生きられる、ということを知らせたいのです。そうすれば、たとえ大変な環境でも楽になります。

ヒマラヤの修行を続ければ、あなたが依存していたものははげ落ち、すぐに身軽になっていきます。秘法で浄めていくことで空っぽになり、体を超え、心を超えて、本当の自分と一体になります。悟っていくのです。そのプロセスでも空っぽの心となり、心に振り回されずに自由になります。本当に必要なものが現れて輝き、よりクリエイティブに生きられます。

人やものに気をつかっていた自分ではなく、これからは**愛をつかって生きていきましょう**。

あなたは何の恐れもなく、そしてまわりに愛をシェアして、さらなる成長を続けていくのです。

おわりに

「気づき」のとき

あなたがより軽やかになり愛にあふれていく、それは真理に出会える生き方です。本書では人生をさらに成熟させていく生き方、輝かせる生き方を紹介してきました。人生の後半をどう生きていくのか。サマディレベルから愛をもって、お話をしてきました。人生の成熟期を迎えている方に、これからの生き方や考え方を私なりにアドバイスさせていただきました。

しかし、若い方が読んでも違和感のないものになっています。世代を超えて共鳴する本質的なことを取り上げているからです。むしろ若いジェネレーションに積極的に気づいていただきたいのです。人生を無駄に過ごすことなく才能を目覚めさせ、愛にあふれた人格になって生きていくことができます。そうすることで社会もよりよくなっていきます。

「あなたが生まれてきた意味」

「私たちはどこからきて、どこへ還るのか」

こうした真理への思いを起こして「気づいて」いただきたいのです。その時期は、早ければ早いほどよいのです。

ここまで何度も述べてきたように、体が動き、頭もシャープなうちに、真理に出会うため、本当の自分に出会っていくための道を歩んでいただきたいのです。神につながり、真理を理解していただきたいと思っています。それこそが何をおいてもあなたがやるべきことなのです。

それには年齢は関係ありません。心ではなく魂の声に耳を傾けることができれば、おのずと「気づき」のときはやってきます。それは魂が成長を欲し、人として成熟のときを迎える準備ができたからなのです。

あなたがこの本を手にしたこと自体、私を通して本質とご縁がつながったことになり、「気づき」のときがきていることの暗示かもしれません。

ＯＶＥＲ50ともなれば、そろそろ残りの人生について考えてもよいときです。「これからの時間で自分に何ができるのか」、自問自答してください。それは、新しい可能性への挑戦でもあるでしょう、平穏で静かな時間をつくることかもしれません。やるべきことが見つからない人もいるかもしれません。

しかし、あなたは気づいていきましょう。この体と心の調和をとり、平和にするのです。それは魂の願いです。この心を愛で満たします。平和で満たします。あなたは再生され、より美しくパワフルに生きられます。

あなたはおなかがすいて何かを食べるように、いろいろなものを欲しい欲しいと取り込んできました。ものや知識で心を満たしてきました。それは比較や差別を生み出す心です。そこから苦しみが始まります。これからは許しと愛を選択します。あなたは太陽のように与える人になります。見返りを期待しない無私の愛を育んでいきます。

すべてが変化しています。人もものも変化していきます。やがて寿命がきてなくなります。死んでいくのです。後に残せるものは思いだけです。その思いは、肉体があるときに宇宙的愛で浄めていくことができます。そのことで自分もまわりの人たちも幸せになるのです。

ほんのひととき、祈りを捧げましょう。
愛をシェアします。
家族や子どもの幸せ、まわりの人たちの幸せを祈ります。瞑想をします。
より美しい生活になります。あなたが変わり、これからの人生も変わっていきます。
神さま、今まで生かしていただいてありがとうございます。
体や心にも感謝します。ありがとうございます。
家族も一生懸命生きていて、ありがとうございます。
皆が平和で幸せになりますように。
さらに世の中の役に立つことができますように。

あなたを豊かに成熟させていく助走期間のスタートです。
神につながることで中心が決まります。そして心の足腰が強くなります。
準備ができたらゆっくり前へ進み始めましょう。
それは神秘の体験です。胸躍るような体験です。

目の前の風景が変わるとき、あなたの心が解き放たれます。
未知の空にあなたがはばたく瞬間です。
その手助けを私、ヨグマタがさせていただきます。

ヨグマタ相川圭子

ヨグマタ 相川圭子（あいかわけいこ）

女性で史上初、究極のサマディ（悟り）に達したシッダーマスター（サマディヨギ／ヒマラヤ大聖者の意）。現在、会うことのできる世界でたった2人のシッダーマスターのひとり。仏教やキリスト教の源流である5000年の伝統を持つヒマラヤ秘教の正統な継承者。1986年、伝説の大聖者ハリババジに邂逅。標高5000メートルを超えるヒマラヤの秘境にて死を超える究極のサマディ修行を成就。神我一如に何日もとどまり、「最終段階のサマディ」に到達、究極の真理を悟る。その後1991～2007年の間に計18回、インド各地で世界平和と真理の証明のための公開サマディを行い、その偉業はインド中の尊敬を集める。2007年、インド最大の霊性修行の協会「ジュナ・アカラ」より、最高指導者の称号「マハ・マンダレシュワリ（大僧正）」を授かる。日本をはじめ欧米などで法話と祝福を授け、宇宙的愛と叡智をシェア。サマディからの高次元のエネルギーと瞑想秘法を伝授、指導。日本では真の幸せと悟りのための各種研修と瞑想合宿を開催し、人々の意識の進化と能力開発をガイドする。2016年6月と10月、「国際ヨガデー」と関連して国連で開かれたイベントに主賓として招かれ、スピーチを行う。
主な著書に『思った以上の人生は、すぐそこで待っている』（大和書房）、『ヒマラヤ大聖者愛の般若心経』（さくら舎）、『ヒマラヤ大聖者の人生を変える瞑想』（宝島社）、『The Road to Enlightenment：Finding The Way Through Yoga Teachings and Meditation』（講談社USA）などがある。他にNHK・CDセレクション『ラジオ深夜便 ヨガと瞑想の極致を求めて』などがある。

＜問い合わせ先＞
ヨグマタ相川圭子主宰 サイエンス・オブ・エンライトメント
TEL：03-5773-9870（平日10時～20時）
FAX：03-3710-2016（24時間受付）
ヨグマタ相川圭子公式ホームページ http://www.science.ne.jp

心《こころ》を手放《てばな》す

ヒマラヤ大聖者《だいせいじゃ》の人生《じんせい》を照《て》らす言葉《ことば》

2016年12月1日　第1刷発行

著　者　相川圭子
発行者　佐藤 靖
発行所　大和《だいわ》書房
東京都文京区関口1-33-4　〒112-0014
電話　03(3203)4511

ブックデザイン　高瀬はるか
編集協力　児玉光彦
校　正　別府由紀子
印　刷　歩プロセス
製　本　ナショナル製本

ISBN978-4-479-77206-4
乱丁本・落丁本はお取り替えいたします
http://www.daiwashobo.co.jp